Angelika Nachtmann

Eine unerhörte **Frau**

Angelika Nachtmann

Eine unerhörte Frau

Nicht gehört – fast zerstört

Sich im Leben erheben
und nicht bedingungslos ergeben

Scholastika Verlag

*Dieses Buch widme ich in Liebe
meinen Kindern Stefan, Michael und Katharina
sowie meinen Enkelkindern Ludwig und Florian*

Erschienen im Scholastika Verlag
Schulstraße 7a
83119 Obing
Tel: 08624/879701
www.scholastika-verlag.de
scholastika.verlag@yahoo.de

Zu beziehen in allen Buchhandlungen, im Scholastika Verlag und im Internet.

3. Auflage November 2016
ISBN 978-3-9817395-9-6

Umschlagbild: Angelika Nachtmann
Lektorat: Susanne Brigitte Hallwich, München
Gestaltung, Satz, Herstellung:
Rund ums Buch – Rudi Kern, Kirchheim/Teck

Vorwort

meiner Tochter Katharina Nachtmann

Meine Gedanken und Gefühle als kleines Kind, in dieser schweren Zeit: Ich bin in der 2. Klasse Grundschule. Morgens wache ich auf und habe bereits wieder furchtbare Kopfschmerzen. Doch ich muss ja zur Schule gehen, denn wenn ich zu Mam und Pa schon wieder sage: „Ich habe Kopfweh, ich kann nicht zur Schule gehen", dann meinen sie nur wieder, ich will die Schule schwänzen.

Meine Mam glaubt mir wohl, dass ich Kopfschmerzen habe. Doch ich habe den Eindruck, sie denkt auch, dass ich wegen der ständigen Hänseleien und der viel zu schweren Schultasche eine Ausrede suche. Was soll ich nur tun, ich habe ja jeden Tag und jede Nacht diese schrecklichen Kopfschmerzen, und in die Schule muss ich doch.

Ein Tag aus meinem Leben als schwerkrankes Kind: Ein neuer Schultag beginnt mit unerklärlichen Kopfschmerzen. Nichtsdestotrotz gehe ich vorsorglich zum Schulbus, um ja nicht zu spät zu kommen. Mein Schulranzen ist viel zu groß und zu schwer, weil ich ja so klein bin, aber das macht mir nichts aus. Und zum Glück hilft mir oft mein älterer Bruder Michael beim Tragen. Für mich ist es mit meinem Kopfschmerz jedes Mal eine Tortur, die schwere Tasche zur Schule zu bringen. Dann bin ich endlich dort. Der Unterricht beginnt und ich habe große Mühe mich zu konzentrieren, weil mein Kopf so dröhnt. Aber wenn ich meiner Lehrerin sage, wie es mir geht, dann meint die sicher nur wieder, ich simuliere, weil ich die Schule schwänzen will. Und so denke ich mir einfach, irgendwie werde ich diesen Schultag schon schaffen.

Der Sportunterricht ist für mich immer das Schlimmste. Durch das ständige Rennen, Springen und Toben verstärkt sich das Kopfweh immens. Dann kommt endlich eine Pause. Ich bin immer wieder neu von der Hoffnung getragen, dass ich mich in dieser kurzen Zeit etwas erholen kann, um genügend Kraft für die letzten Unterrichtsstunden zu haben. Doch in der Pause werde ich permanent von den Schülern aus den anderen Klassen geärgert. Die anderen Kinder hänseln mich eigentlich immer, weil ich anders bin als sie, weil ich viel kleiner bin. Oft fragen sie mich, in welche Klasse ich denn gehe. Die denken nämlich, nur weil ich so klein bin, dass ich noch in den Kindergarten gehe. Und können das gar nicht verstehen, dass ich kleiner Zwerg schon in die Schule gehe. Da mein älterer Bruder in die gleiche Schule geht, habe ich Verstärkung und er hilft mir sehr oft, mich gegen die anderen Kinder zu wehren. Mit der Zeit wusste ich mir aber dann selbst zu helfen, konnte mich alleine wehren und verteidigen. Und immer weiter geht es mit dem Unterricht. Immer wieder denke ich dann: „Augen zu und durch." Meine Kopfschmerzen lassen einfach nicht nach und in meinem Kopf ist ein ganzer Bergarbeitertrupp zu Gange, so wie es da hämmert.

Schulschluss! Erleichtert fahre ich mit dem Schulbus nach Hause. Dort lege ich mich erst einmal ins Bett, um mich nach so einem anstrengenden Schultag auszuruhen und zu erholen. Anders komme ich nicht über den Tag. Damit mein Kopfweh etwas besser wird, legt mir meine Mutter eine Kühlkompresse auf die Stirn. Nach einer Stunde Ausruhen esse ich eine Kleinigkeit und fange mit den Hausaufgaben an. Die muss ich oft in Etappen machen, weil es mich sonst zu sehr anstrengt. Meist ist es dann schon Abend, bis ich damit fertig bin und es ist Zeit ins Bett zu gehen, damit ich für den nächsten schweren Schultag ausgeschlafen bin. Die meiste Zeit plagen mich meine Kopfschmerzen auch nachts. Dann finde ich wenig Schlaf. Zu den nächtlichen Kopfschmerzattacken kommen oft auch noch Erbrechen und Übelkeit. Meine Mam ist stets bei mir und bezieht mir mein Bett nachts mehrfach frisch. Nach einer anstrengenden Nacht beginnt dann wieder ein weiterer, von Kopfschmerzen geplagter Schultag …

Mittlerweile bin ich fast 23 Jahre alt und kann mir kaum noch vorstellen, dass ich diese Zeit überstanden habe. Eines ist gewiss: Ich bin heute nur noch am Leben, weil ich eine so starke und unnachgiebige Mutter hatte und habe. Sie war immer für mich da und hat meine Schmerzen immer ernst genommen – fast als einzige! Meine Lehrer, Ärzte, Mitschüler und sogar Freunde behaupteten, ich würde lügen, simulieren. Das finde ich nach wie vor ungerecht und oberflächlich. Denn ich weiß ganz genau, dass ich nie gelogen habe. Ich habe immer die Wahrheit gesagt. Nach wie vor finde ich es schrecklich, dass ich als Kind eine so furchtbare und schwere Zeit erleben musste, nur weil mir niemand Glauben schenkte – außer einem einzigen Menschen in dieser großen, weiten Welt. Und nur dank dieses Menschen bin ich heute noch am Leben: meine Mam. Sie hat mir als kleinem Kind geglaubt, dass ich die Wahrheit sage, auch wenn es eine sehr schwere Zeit für uns beide war.

Für diese grenzenlose Fürsorge, für diesen Einsatz möchte ich meiner Mam meinen aufrichtigsten Dank aussprechen: Du warst immer für mich da, wann immer ich Dich gebraucht habe. Mam, ich möchte mich von ganzem Herzen und aus der endlosen Tiefe meiner Seele bei Dir bedanken. Du warst immer für mich da, auch nach dieser schweren Operation. Du bist mir beigestanden, sodass ich das alles überstehen konnte. Du hast mir die nötige Kraft und den Mut gegeben, damit ich nicht aufgebe und weiter um mein Leben kämpfe.

Von ganzem Herzen DANKESCHÖN!

Von Deinem Töchterchen Katharina

1. Kapitel

Ich habe viel geweint, viel gelacht,
mir viele Sorgen gemacht
und dennoch immer für die mir nahe stehenden Menschen,
wie für mich selbst, das Beste daraus gemacht.

Wenn ich heute mit knapp fünfzig Jahren meine Geschichte erzähle, dann scheint es mir sinnvoll, ganz vorne zu beginnen.

Hilfreich für das Verständnis dieses Romans ist meine grundsätzliche Einstellung zum Leben. Ich sehe das Leben als eine Schule, durch die wir alle gehen. Das eine Mal ist der Lebensweg steil, das andere Mal eben. Wichtig war für mich immer das Motto: „Bleib nie zu lange an einer Stelle stehen." Oftmals ist man aber gezwungen, länger an einer Stelle auszuharren. Und manchmal merkt man gar nicht mehr, wie viel es an Unachtsamkeiten und Gefahren gibt. Ich habe mich stets selbst an die Hand genommen, bin zum gegebenen Zeitpunkt losgegangen und hatte dabei nie das Gefühl, ich müsste schneller oder langsamer sein als andere. Ich war darauf bedacht, mein Lebenstempo möglichst immer alleine zu bestimmen, auch wenn es mir oft schwer fiel und mich bittere Tränen kostete.

Ich schätze mich selbst als einen sehr tiefgründigen und empfänglichen Mensch ein, nehme nicht einfach alles hin oder bequeme mich damit. Im Gegenteil: Ich versuche, die Menschen und die Dinge genauer zu betrachten. Zu dieser Verhaltensweise, die mein gesamtes Leben bis heute maßgeblich prägt, bin ich in meiner bittersten Stunde als Kind von neun Jahren gelangt. Damals wurde ich sexuell missbraucht. Seinerzeit dachte ich nicht im Entferntesten daran, dass und wie sich diese seelische Erschütterung als roter Faden durch mein weiteres Leben ziehen würde.

Im August 1969 war es geschehen. Ich litt Qualen, die ich kaum mit Worten beschreiben kann. Noch heute fühlt es sich für mich schrecklich an, mich zu erinnern, wie Körper und Seele so unermessliches Leid erfahren haben und ich gezwungen war, hilflos in diesem Schmerz zu verharren. Noch heute finde ich es schlimm, von einem Menschen, den man eigentlich als freundlich und angenehm kannte, an die Grenzen eines unerträglichen Schmerzes gebracht worden zu sein. Es war ein mir wohl bekannter Nachbar meiner Tante, bei der ich damals für ein paar Wochen meine Sommerferien verbrachte.

Nach diesem furchtbaren Erlebnis war nichts mehr wie vorher. Seither bin ich in der Lage, sehr schnell drohende Gefahren spüren. Dieser Missbrauch weckte in mir eine feinfühlige und instinktive Fähigkeit, die mich lehrte, die Menschen genauer zu beobachten, zu betrachten und nicht zu sehr auf den äußeren Schein zu achten, sondern in mich hineinzuhorchen und meinem Gefühl zu vertrauen. Und nichts konnte mich von diesem Tag an davon abbringen. Diese Sensibilität hatte ich später auch in Bezug auf meine Kinder entwickelt. Und ich nutzte sie damals wie heute.

Der sexuelle Missbrauch hat mich in der Folge als Kind gelehrt: „Gib gut auf Dich Acht, und pass ganz besonders auf, denn egal, wie einem jemand begegnet, man weiß nie, ob diese Begegnung Grausamkeit oder Segen bringt.

Ständig habe ich alles hinterfragt, immer nachgehakt und dabei nicht verzagt. Zu keinem Zeitpunkt in meinem bisherigen Dasein war ich ein Mensch, der es anderen leicht macht. Dafür habe ich zuviel Schreckliches mitgemacht. Auch wenn manch einer behauptet, das Leben bringt mit sich, dass einem oft viel abverlangt wird, machte es mich als Neunjährige richtig krank, dass die Menschen um mich herum meine emotionale Sprache nicht verstanden, sie nicht nachempfinden konnten oder wollten. Ob sie damit einfach nicht umgehen konnten oder wollten, in meinem inneren Erleben flüchteten sie sich in Ignoranz, um ja nicht in Konflikte zu geraten oder sich gar der Wahrheit emotional und solidarisch nähern zu müssen. Oft fühlte ich mich verlassen und alleine, und zugleich war ich doch nie einsam. Bekanntlich ist Einsamkeit das größte Gift, wenn es auf die Seele trifft.

Meine Empfindsamkeit und meine Intuition wurden mir von da an zu treuen und zuverlässigen Begleitern. Sie gaben mir die nötige Gewissheit und das Rüstzeug, den Menschen mit gebührender Achtung und mit dem nötigen Respekt zu sehen und zugleich auch das zu erahnen, was hinter seiner Fassade steckt. Wir Menschen können grausam sein, allein schon indem wir wegsehen, nichts sagen und auch nichts hören, um unser Wunschdenken ja nicht durch eine reale Wahrnehmung zu stören.

Gegen so viel Gleichgültigkeit kann man sich als Betroffene dann im Falle des Falles nicht wehren. Bis heute sehe ich Menschen mit völlig anderen Augen, als es wahrscheinlich normal wäre. Ich erlaube mir keine flüchtige oder oberflächliche Beurteilung. Lieber beschränke ich mich weiter auf das Beobachten – aus der Distanz. Für eine Beurteilung meines Gegenübers berücksichtige ich viele kleine Auffälligkeiten und achte nicht auf deren Schein, sondern auf das wahre Sein, das sich immer herauskristallisieren und erspüren lässt.

In den mir begegnenden Menschen habe ich mich bislang selten getäuscht. Natürlich ist es nicht einfach, sich in oft nur kurzen Momenten die Gestik, die Mimik und die verbalen Aussagen des Gegenübers einzuprägen. Aber genau darauf richte ich mein Augenmerk, und ich verzichte nicht auf das kleinste dieser persönlichen Details. Bedauerlicherweise merke ich dann immer wieder für mich, dass es sich oft nicht lohnt, mit bestimmten Menschen intensiveren Kontakt zu pflegen. Viele leben aus meiner Sicht an den wichtigen Dingen vorbei und meinen, ständig den letzten Schrei mitmachen zu müssen. Ich selbst betrachte die Geschehnisse aus einer Metaebene und werde vermutlich bis an mein Lebensende mit Sicherheit nie diese oberflächlichen und primitiven Machtspiele so vieler Menschen verstehen, geschweige denn mitspielen. Im Laufe eines Lebens verändert sich der Mensch, und manchmal nicht zu seinem Besten. Er wendet sich dem eigenen Egoismus zu, seinen Erwartungen und Forderungen und merkt nicht mehr, wie sein menschliches Mitgefühl und sein guter Kern währenddessen verkümmern.

Mein Fühlen und Denken zeigt sich auch darin, dass ich meiner inneren Stimme Gehör schenke und Acht gebe, niemanden zu Unrecht zu kränken. Das Ereignis als Neunjährige hat mich gelehrt, niemals meine innere Stimme zu bekämpfen, sondern ganz im Gegenteil, ihr immer und ausdrücklich Gehör zu verleihen. Sie ist der Boss, die Nummer Eins. Zwar hat sie mich einerseits oft an die Grenze des emotional Erträglichen gebracht, glücklicherweise hat sie mich andererseits aber so auch immer automatisch dorthin geführt, wo ich als Mensch hingehöre. Wenn ich also heute behaupte, dass genau dieser Tag im August 1969 mein Leben entscheidend beeinflusst hat, dann liegt das vor allem daran, dass genau an diesem Tag mit diesem grausamen Ereignis auch meine sensible Entwicklung begann, die schlussendlich ein Menschenleben gerettet hat: Das meiner Tochter.

2. Kapitel

Leben in Angst und Sorgen,
denn ich wusste nie, was passiert mir morgen

Es beruhigte mich damals auch nicht, dass mein Peiniger verurteilt wurde und seine Strafe bekam, nachdem ihn mein Vater angezeigt hatte. Für mich zählte allein die Frage: „Was hat dieser Mensch mir angetan?" Ich war nicht in der Lage, dies in meine bisherige, unbeschwerte, unbekümmerte und glückliche Kindheit einzuordnen. Ich konnte keinen guten Platz für diesen Missbrauch in meiner Biographie finden. Bis heute nicht. Mit einem Schlag hatte damals mein Leben als Neunjährige eine ganz andere Qualität. Mir war nicht nachvollziehbar, wie ein Mensch einen anderen derart quälen kann.

So also fing meine Angst vor dem Leben und den Menschen an. Ich wurde wachsam und misstrauisch, erlebte jeden Tag und jede Nacht in der Sorge, ja nichts zu übersehen, nichts zu überhören, das mir eventuell schaden könnte. So entwickelte ich mit der Zeit ausgeprägte Überlebensstrategien, um meine Furcht unter Kontrolle zu bekommen. Sogar dort, wo ich mich sonst wohl und sicher gefühlt habe, schlug mir seit jener Nacht nur noch die tief in mir verwurzelte Angst entgegen. Ich war nicht mehr in der Lage, mein mir von der Natur gegebenes Vertrauen, meine ganz persönliche, ursprüngliche Freiheit wieder herzustellen. Ich lebte fortan in ständiger Angst. Jeden Abend schaute ich penibel unter mein Bett und in den Schrank, ob sich dort jemand befand. Ich durchsuchte praktisch jeden Winkel meines Kinderzimmers, bevor ich zu Bett ging, obwohl es dafür überhaupt keine Notwendigkeit gab.

Für mich wurde dieser Kontrollgang zum Ritual, und wenn meine um ein Jahr jüngere Schwester Erika sagte: „Geli, da ist doch nichts.“, so versuchte ich so zu tun, als ob ich ihr glaubte und stoppte mein Kontrollieren unmittelbar. Dann wartete ich, bis sie eingeschlafen war und kontrollierte weiter. Sonst konnte ich kein Auge zu tun. Ich musste die Gewissheit haben, dass da wirklich niemand ist. So manches Mal ist meine Schwester durch meine Aktionen wieder aufgewacht und fragte nach, was ich denn da bloß mache. Für mich war es nicht leicht, ihr das zu erklären, und so fand ich meist eine Ausrede, indem ich behauptete, ich würde nur schauen, ob meine Kleidung für den kommenden Schultag vorbereitet sei. Irgendwann fing dann auch meine Schwester an, mit mir unters Bett, in und auf den Schrank zu schauen. Meine Furcht hat sich so klammheimlich über die Zeit auch auf meine Schwester übertragen, obwohl ich das nicht wollte. Doch ich war meinem Kontrollzwang ausgeliefert und nur so konnte ich mir etwas innere Ruhe verschaffen. Wenn ich mal später ins Zimmer kam als Erika, so sagte sie oft: „Brauchst heute nicht mehr schauen, Geli, hab ich schon getan, ich sag Dir doch immer: Da ist keiner da.“ Dennoch konnte sie mich nicht beruhigen und verstand auch nicht, warum ich diesen nächtlichen Kontrollgang machte. Sie war jünger und da ich selbst nicht wusste, weshalb ich sogar im eigenen Elternhaus, wo es mir doch immer gut ging, diese Angst nicht mehr los wurde, konnte ich ihr das auch nicht verständlich machen.

Im Gegenteil, meine Angst steigerte sich mehr und mehr. Absolute Dunkelheit konnte ich überhaupt nicht mehr ertragen. Die Vorhänge, die meine Mutter jeden Abend zuzog, riss ich sofort wieder auf und zur Sicherheit schloss ich den Kleiderschrank zusätzlich ab. Auf dem Schrank hatte ich einen Besenstiel deponiert, damit ich mit ihm unter dem Bett, von einer Seite zur anderen, alles abtasten konnte. Ein simpler Besenstiel wurde zu meinem ganz eigenen Symbol der Sicherheit, sollten meine Augen doch etwas übersehen haben. In mir hatte sich der Satz meines Peinigers, den er mir in dieser folgenschweren Nacht mit auf den Weg gab, festgefressen: „Wenn du jemals einem Menschen davon was sagst, bringe ich Dich um! Ich finde Dich, egal wo Du wohnst!" – Dieser Satz hatte sich in meine Seele gefressen. Ich konnte ihn nicht mehr löschen, auch dann nicht, als er endlich verurteilt war.

Es war mir als neunjähriges Mädchen unmöglich zu begreifen, dass mir mein Peiniger nichts mehr tun würde. Woher auch! Wie sollte ich wissen, was im Kopf eines solch grausamen Menschen vorgeht, sobald er aus dem Jugendstrafarrest entlassen war. Äußerlich war zwar durch die Verurteilung alles aufgedeckt, doch *in* mir, blieb der Schrecken dieses sexuellen Missbrauchs im wahrsten Sinne des Wortes stecken. Mein instinktives Überlebensprogramm lief Tag und Nacht, ohne Pause. Von diesem Tag an achtete ich beispielsweise auf alle Autos, die langsam an mir vorbeifuhren, während ich zur Schule ging. Ich bemühte mich, immer ganz nah am Straßenrand zu bleiben, um genug Platz zu haben, falls ich fliehen müsste.

Irgendwann, nach Jahren, hat mir dann meine Großmutter ganz beiläufig erzählt, dass der Nachbarssohn von meiner Tante in Niederbayern, bei der das damals passiert ist, bei einem Autounfall ums Leben gekommen sei. Sie sprach von meinem Peiniger, aber sie erwähnte es so ganz nebenbei, als sei dies irgendetwas Belangloses, das jeden Tag passiert. Und weil es so belanglos als Nebensatz kam, war ich nicht in der Lage, ihrer Aussage Glauben zu schenken. Zwar fühlte ich kurzfristig eine deutliche Erleichterung, doch die hielt nicht an. Ich konnte nicht einschätzen, ob das wahr war oder nicht. Auf den Friedhof, wo er seine letzte Ruhe gefunden hatte, konnte ich nicht, da dieser mehr als zweihundert Kilometer von meinem Heimatort entfernt war. Ich hatte damals keine Möglichkeit, mich zu vergewissern und die Aussage der Tante zu überprüfen. Stattdessen lebte ich weiterhin in der Angst, dass er irgendwann kommt, um mich umzubringen, wie er es mir angedroht hatte.

Heute ist mir klar, dass niemand in meinem Umfeld damals je begriffen hat, wie sich mein inneres Erleben durch diese Schandtat verändert hatte und wie mein inneres emotionales Chaos aussah. Keiner konnte erahnen, wie mich dieser Zustand innerlich quälte, der durch die Urteilsverkündung für die anderen „Beteiligten“ plötzlich behoben war. Selbstverständlich gingen sie davon aus, dass das für mich als Opfer sicher auch so war. Doch weit gefehlt. Für mich war alles wie damals, die Schreckensnacht war mein ständiger Begleiter im Präsens meines Seins. Für die anderen war das Thema mit der Verurteilung und dem Tod des Peinigers einfach ad acta gelegt und für mich gefühlt unter den Tisch gekehrt.

Fortan war es mir nicht mehr möglich, unbeschwert und frei zu leben. Das Schlimmste daran war, dass es keinem auffiel. Meinen besten Freund Mandi animierte ich unter irgendeinem Vorwand, wie es Kinder gerne machen, mir mir zusammen ein Lager zu bauen oder beim angrenzenden Landwirt im Heustadel einen unterirdischen Gang zu graben, der für mich im Fall der Fälle als Fluchtmöglichkeit dienen sollte. Mandi half mir da gern, für ihn war es ein Spiel und er ahnte nicht, dass dieses Spiel für mich nicht nur der Aberteuerlust galt, sondern für mich bitterer Ernst war und mir eine gewisse Sicherheit vermittelte. Dort, so dachte ich, würde mein Peiniger mich niemals finden, falls er mich je suchen sollte. Mandi und ich hatten viele kleine Verstecke, die nur er und ich kannten.

Auch einen Jägerstand beschlagnahmte ich oft in den Sommermonaten, um mehr Übersicht zu haben. Aus heutiger Sicht denke ich, die Sommermonate waren es vor allem deswegen, weil die Tat im Sommer geschah. In diesen sonst so beschwingten Wochen des Sommers verfolgte mich meine geschändete Neunjährige, die in mir nie zu Ruhe kam, mehr als in den übrigen Jahreszeiten.

Für meine innere Sicherheit brauchte ich die absolute Gewissheit, dass mich mein Peiniger nicht finden könne. Und so investierte ich sehr viel Zeit für das Finden und Einrichten von Fluchtorten. Ich wusste auch genau, dass Mandi, egal was passieren würde, unsere „Lager“ niemandem verraten würde. Das war ein unausgesprochenes Geheimnis, wie es zwischen Kindern eben üblich ist. Dorthin flüchteten wir natürlich auch, falls man uns mal wieder für verschiedene Erledigungen und Pflichten in Beschlag nehmen wollte, wozu wir gar keine Lust hatten. So hörten wir nur noch die Rufe nach uns und genossen lieber unser Spiel, obwohl wir genau wussten, dass damit der Ärger vorprogrammiert war, sobald wir wieder zu Hause waren. In solchen Momenten war ich dann ein ganz normales Kind. Ich genoss das Zusammensein mit Mandi und wir machten uns oft lustig darüber, weil keiner von unseren vielen kleinen Verstecken wusste. So war Mandi für mich in meiner „angeschlagenen" Kindheit der wichtigste Mensch in meinem Leben und für diese Freundschaft empfinde ich noch heute unendliche Dankbarkeit und bin froh, dass es Mandi in meinem Leben noch immer gibt.

Über viele Jahre war es für mich kaum zu ertragen, einen Zeitungsartikel oder im Fernsehen eine Dokumentation über kindlichen sexuellen Missbrauch zu verfolgen. Getriggert von den eigenen Erlebnissen als Neunjährige hatte ich sofort wieder diese fürchterlichen und schrecklichen Dinge jener Nacht vor mir, so als wäre es erst gestern gewesen. Auch bestimmte Düfte und Dinge, die mich daran erinnerten, schleuderten mich in Blitzgeschwindigkeit zurück in den Schock von damals. Gleichsam einem lähmenden Aufwallen der Vergangenheit, das mich bewegungs- und gefühlsunfähig machte. Jedes Mal braucht es dann einige Zeit, um mein angstvolles und hoch emotionales Unterbewusstsein und die erstarrte Neunjährige in mir zu beruhigen und zu warten, bis mein Verstand wieder greifen und die Steuerung übernehmen konnte.

Es heißt war immer, die Zeit würde alle Wunden heilen. Das mag vermutlich in einigen Fällen ganz richtig sein, doch wie auch immer, Narben werden bleiben. Seelische sowie körperliche Wunden können in meinem Erleben nie erzählen, wie sehr sie jemals geschmerzt haben, auch nicht, wenn sie bereits vernarbt sind. So blieb ich, wenn ich es heute als Erwachsene betrachte, in der Tiefe meiner Seele ein trauriges Kind, obwohl die mit mir lebenden Menschen das nie wahrnehmen konnten, weil ich mich ja immer ganz gegenteilig präsentierte, um mich gut zu schützen.

Ich hatte meine ganz speziellen Überlebensmechanismen entwickelt und sie haben sich bewährt. Der Preis dafür war, dass mich meine Mitmenschen oft als sehr „eigen" beschrieben und meine spezifischen Verhaltensgewohnheiten nicht verstehen konnten. Auch heute, nach so vielen Jahren, ist es für mich nicht immer einfach, mit dieser Vergangenheit zu leben. Sie hat noch immer keinen guten Platz in mir gefunden. Für mich ist es fast nicht möglich, unbeschwert und oberflächlich zu leben, wie es um mich herum so viele Menschen tun. Mir fehlt auch das Verständnis für die Menschen, die, egal ob in der Politik, Wirtschaft und in vielen führungsorientierten Ämtern, ihre Macht ausnutzen. In meinem Erleben steckt da sehr viel menschliche Respektlosigkeit, verdeckte Gewalt und Aggression dahinter – sei es nun geistig oder körperlich, das macht für mich keinen Unterschied.

Es gab Stunden und Momente, da bin ich an meinen seelischen Qualen fast zerbrochen und doch hatte alles seinen Sinn. Mein Leben wurde dadurch ein anderes und selbst, wenn man ich es nur bedingt verstehen konnte, ging ich dadurch dennoch meinen ganz eigenen, persönlichen Weg.

Natürlich kann sich das Leben schwerer und unbequemer anfühlen, wenn man sich nicht in der so genannten Normalität bewegt. Doch was soll eine Neunjährige machen, wenn es nicht anders geht, wenn die für den Menschen wichtige natürliche Grenze der Persönlichkeit gewaltsam überschritten bzw. niedergerissen wurde. Sie steht da, schutzlos ausgeliefert. Und bleibt fortan immer in Hab-Acht-Stellung, damit niemand sie jemals wieder benutzt. Ich weiß noch genau, wie das Leuchten in meinen Augen an jenem Tag erlosch. Allein mein starker Lebenswille wurde nicht gebrochen. Ich begann mehr und mehr in mich hineinzuhorchen. Vermutlich war es genau dieses Verhalten, das mir die Kraft gab, mein weiteres Leben zu bestehen und Menschen wie Dinge mit anderen Augen zu sehen. Für mich zählt am Ende stets das Resultat, das mir immer und immer wieder bewiesen hat, dass ich die richtigen Schritte gewählt habe. Ich hatte ich mich innerlich entschieden, dem Unrecht keinen Platz zu geben und es zu immer zu besiegen und nie der vermeintlichen Unwissenheit oder Oberflächlichkeit zu verfallen, wie es in meinem Umfeld der Brauch geworden war.

So wurde ich erwachsen und mit jedem Jahr, das ich älter wurde, konnte ich den Menschen immer weniger vertrauen, egal wie gut ich sie auch kannte. Als Kind war es schwierig für mich, zu unterscheiden, wer mir wirklich wohlgesonnen war oder wer nicht. So erlebte ich meine Kindheit und Jugend emotional sehr beengt. Meist blieb ich zu Hause und in unmittelbarer Nähe meines Elternhauses, oder eben mit Mandi in unseren diversen „Lagern". Nach außen baute ich mir eine formidable Schutzmauer auf. Ich versuchte keine Schwäche gegenüber anderen zu zeigen, war sehr lebhaft und verbarg meine Instabilität und Unsicherheit, indem ich mich besonders robust, energisch und dynamisch in der Außenwelt präsentierte. Niemand hat mein wirkliches, sensibles und von Traurigkeit geprägtes Inneres bemerkt. Ein resolutes, übermütiges, zum Teil forsches Auftreten wurde meine zweite Haut, gab mir Sicherheit und Schutz. Manche Menschen schreckte es ab, vor allem aber auch jene, die mich für ihre Zwecke benutzen wollten. Das war gut so. In etlichen nächtlichen Stunden ließ ich verschiedene Situationen, die sich über den Tag ereignet hatten, Revue passieren und vertraute auf meine innere Wahrnehmung. Auf mein Bauchgefühl konnte ich mich verlassen, das wusste ich. Es hat mich seither noch nie hintergangen.

Gleichzeitig entwickelte ich ein sehr starkes Bedürfnis, anderen in schwierigen Situationen zu helfen und beizustehen. Irgendwann war es ganz normal, dass ich für alle in der Nachbarschaft der Notnagel war, egal was gebraucht wurde. Sei es nun Einkaufen für meine Großtanten oder für die Großmutter in den nächsten Ort zu radeln, um in der Apotheke ihre Medikamente zu holen. Auch zuhause gab es immer zu tun, da sich mein Vater damals als Fuhrunternehmer selbstständig gemacht hatte. Bald hatte ich einen erfüllten und präzisen Arbeitsplan für jede Woche.

Das machte mir nichts aus, denn ich tat es gerne, sogar, wenn es manchmal etwas zu viel wurde. Mein Freund Mandi hat mir oft dabei geholfen, diverse Aufträge zu erledigen, damit mir auch noch Zeit zum Spielen blieb. Er war genauso alt war wie ich und wir verbrachten den schöneren Teil meiner Kindheit zumeist gemeinsam. Doch anvertrauen konnte ich mich selbst ihm nicht, obwohl ich mich weiterhin vor jeder Nacht und jedem Tag fürchtete. Mandi war – und ist – sehr sensibel und ich wollte ihn nicht damit belasten. Und natürlich dachte ich auch, er würde so etwas nicht verstehen. Erschwerend kam hinzu, dass ich Schamgefühle entwickelte. So wurden meine vielen kleinen Aufgaben für mich eine Art

Beschäftigungs- und Ablenkungstherapie. Meine Ängste ließen sich nur dämpfen, indem ich immer etwas zu tun hatte.

Mandi wurde für mich einer der wichtigsten Menschen auf diesem Planeten. Hatte ich Mandi an meiner Seite, fühlte ich mich sicher und beschützt. Eigenartigerweise merkte Mandi gar nicht, dass er wie ein „Bodyguard“ für mich war. Er war eben mein bester Freund. Ich genoss seine Hilfe und Nähe, weil ich genau wusste, wenn wir zu zweit waren, würde es niemand wagen, mir etwas zu Leide zu tun. Zugleich war ich für Mandi auch sehr wichtig, da er sich in meiner Gegenwart und mit meiner Lebendigkeit wohl und angeregt fühlte. Es glich ihn aus, denn er war der ruhigere, zurückgezogene Teil unseres Duos. Mit seiner Hilfe wurden meine Kindheit und meine Jugend einigermaßen erträglich.

Noch heute noch ist Mandi für mich immer präsent und wir pflegen eine sehr innige, freundschaftliche Beziehung. Auch wenn ich mich ihm bisher nicht offenbart habe, empfinde ich tiefe Dankbarkeit, dass Mandi stets für mich da war.

Wenn ich mit all meine Diensten und Gefälligkeiten überfordert oder am Rande meiner Kräfte war, enttäuschte mich vor allem, dass das niemand wahrnahm oder mich unterstützte. Natürlich war meine Show des starken Mädchens perfekt, aber ich litt dennoch unter der mangelnden Sensibilität und dem Unachtsamkeit der Erwachsenen. Dann zog ich mich erschöpft zurück und tat das, was mir bereits vertraut war: ich litt vor mich hin, suchte in meinem Dasein nach dem Sinn des Lebens und fragte mich, weshalb ich mich so plagte. Zugleich entwickelte ich nach diesem Missbrauch einen ungewöhnlichen Gerechtigkeitssinn, den die mit mir lebenden Menschen kaum verstehen konnten oder wollten. Auch in der Schule kam ich damit nicht klar, wenn jemand zu Unrecht bestraft wurde. So setzte ich mich augenblicklich für denjenigen ein und vermittelte ihm das Gefühl: „Du bist nicht allein, ich helfe Dir, wenn Unrecht geschieht." Sogar wenn die Beweisführung sich oft schwierig gestaltete, für mich gab es da kein Halten und so manches Mal wurde ich als unnachgiebig und burschikos beschrieben. Doch in meiner inneren Wahrnehmung war das total ok und ich konnte gut damit leben.

Wahrheit und Menschenwürde waren mir stets wertvoller als jede noch so schön geschmückte Lüge oder Ausrede. Oft bekam ich zu spüren, dass zur Wahrheit sehr viel Mut gehört und viele Menschen die Wahrheit lieber nicht sehen, Angst haben, ihre Komfortzone zu verlassen oder sich sich an ihre eigenen Leiden erinnert fühlen. Dieselbe Erfahrung hatte ich ja bereits nach meinem sexuellen Missbrauch gemacht. Meine Verwandten wollten es damals auch nicht glauben, sie verschanzten sich stattdessen hinter einer Mauer von Ignoranz, wie es oft das menschliche Verhalten ist, sobald die Dinge unangenehm werden oder die Wahrheit weh tut. Es ist leichter, in Illusionen zu leben, Augen und Ohren zu verschließen, um ihres scheinbaren Friedens willen. Doch damit tun wir aber weder uns selbst noch der Welt einen Gefallen. Ignoranz öffnet nach meinem Empfinden der Ungerechtigkeit Tor und Tür – und früher oder später fällt das auf uns selbst zurück.

Lediglich mein Vater und mein Großvater spürten damals in diesem Sommer, dass ich die Wahrheit sagte und der Arzt, der mich damals untersuchte, stellte mit

Entsetzen fest, wie sehr ich malträtiert worden war. Mit der Bestrafung meines Peinigers musste sich auch die übrige Verwandtschaft der Realität stellen – noch heute hoffe ich, sie haben daraus etwas gelernt. Wissen tue ich es nicht.

Traurigerweise verstarb mein Großvater im Dezember 1969. Zu ihm hatte ich eine sehr innige und vertraute Beziehung. Für mich brach damals eine Welt zusammen, ihn nicht mehr besuchen zu können und ihm von meinen Nöten zu erzählen. Denn er verstand mich ohne große Worte, er hatte echtes Gespür für mich. Noch viele Jahre lang, in denen ich mich unglaublich alleine fühlte, habe ich ihn immer und immer schmerzlich vermisst und mir oft gewünscht, er wäre noch hier und würde mir helfen. Der Rest der Verwandtschaft hatte das grauenhafte Ereignis über Jahrzehnte hinweg weiterhin einfach ignoriert. Ich empfand dies als herzlos. Alle schwiegen sich aus, darüber redete man nicht. Vermutlich deswegen, weil sie sich sonst die Löcher in ihrer heilen Welt hätten eingestehen müssen.

Meine frühen traumatischen Erfahrungen hatten Konsequenzen für meine Wahrnehmung und meine Bezugnehmen auf die Welt: Ich hatte für mich als Neunjährige daraus den Glaubenssatz abgeleitet, dass man im Leben nichts geschenkt bekommt und dass alles, egal was es auch sei, seinen Preis hatte. So versuchte ich immer, allen gerecht zu werden. Und das „gerecht werden" ist eine verdammt schwere Sache, denn wie es der Volksmund so schön beschreibt: „Jedem Menschen Recht getan, ist eine Kunst, die niemand kann" – auch ich nicht. Doch das verstand ich natürlich in meiner Kindheit, Jugend und auch weit in das Erwachsenenalter hinein noch lange nicht. Selbst heute fällt es mir bei bestimmten Menschen teilweise schwer, meine Hilfsbereitschaft einzugrenzen und einen gebührenden Abstand herzustellen. Ich muss seine Energie gut einteilen und haushalten, da ich sonst in Gefahr gerate, dass ich die anderen Menschen über mich schalten und walten lasse.

Auch das Verhalten meiner Familie trug dazu bei, dass ich mich für den Weg der bedingungslosen Wahrhaftigkeit entschieden hatte. Sie alle waren mir in ihrer Unbeholfenheit oder Ignoranz keine geeigneten Vorbilder. Immer wieder suchte ich die direkte und ehrliche Konfrontation mit den Menschen, wenn mir, wie man so schön sagt, etwas gegen den Strich ging. Meistens hat es nichts gebracht, denn die Wenigsten haben – so mein Eindruck – auch nur den Bruchteil eine Sekunde über das wirklich Wichtige und Entscheidende nachgedacht. In der Folge habe ich mich seither von vielen Menschen in meiner Sippe und in meinem Umfeld zurückgezogen, um mein wahres Ich zu leben. Für die meisten Menschen genügt nun ein freundlicher Gruß, der keine Verbindlichkeit hat und mich nicht in ein oberflächliches Gespräch zieht. Denn für mich waren oberflächliche Dialog und Small Talk fast immer dazu verdammt, im Nichts münden. Dafür war und ist mir meine Zeit zu kostbar.

Und so wurden Rückzug und die Vermeidung von Kontakt mein Lebensthema. Ich fühlte mich innerlich gefühlt immer allein gelassen und auf mich selbst gestellt. Zugleich aber war etas in mir, das mich dazu antrieb, den Mut zur Wahrheit und den Willen zu leben.

Und das war gut so, als es um das Leben meiner Tochter Katharina ging. Denn mit dieser inneren Einstellung habe ich auch für ihr Leben gekämpft. Und ich habe mich von keinem Menschen, Mediziner, Pädagogen bremsen lassen. Man kann sich gar nicht vorstellen, wie so mancher Arzt agiert, indem er nicht reagiert, sondern über ein Kind und dessen Mutter regiert. Doch in all diesen Jahren habe ich mich nicht abbringen lassen, sondern versucht, stets meiner inneren Stimme und meinen Wahrnehmungen zu folgen, wie sehr man auch immer wieder versucht hat, mich mit fadenscheinigen Argumenten umzustimmen.

3. Kapitel

Lass dich nicht beirren, nicht in die Irre führen,
denn:
Zum gegebenen Zeitpunkt wirst du
deine innere Stimme immer und überall hören.

Ich komme aus einem kleinen Ort in Oberbayern, heiße Angelika, bin verheiratet und habe drei Kinder: zwei Söhne und eine Tochter. Mein ältester Sohn Stefan, der 1979 geboren wurde, stammt aus meiner ersten Ehe. Michael wurde 1985 geboren und Katharina, meine Tochter, wurde am 15. August 1986 geboren. Im Jahr 1985 heiratete ich in das bäuerliche Anwesen der Mutter meines Mannes Schorsch ein. Grundsätzlich ist es nicht leicht, als geschiedene Frau, noch dazu mit einem Kind, in ein bäuerliches Anwesen einzuheiraten. Da sind gewisse Spannungen schon vorprogrammiert, noch dazu, wenn man sich die Küche, das Badezimmer und die Stube mit der Schwiegermutter teilen muss. Nur das Schlafzimmer war der einzig persönliche Raum, den mein Mann und ich für uns alleine hatten.

Meine Schwiegermutter war zum damaligen Zeitpunkt bereits Witwe und hätte sich für ihren Sohn eine Frau aus einem gleichwertigen Bauernstand weitaus besser vorstellen können. Mein Mann hatte den Hof von seiner Mutter in Pacht, nachdem sein Vater sich das Leben genommen hatte, damit seine Frau die Altersrente bekam. Der Bruder meines Mannes sowie seine Schwester, hatten mit der Landwirtschaft nichts am Hut und waren froh, dass Schorsch die Verantwortung für die Mutter übernahm.

Dadurch hatte er aber so gut wie keine eigene Entscheidungsfreiheit. Wegziehen konnten wir natürlich auch nicht, da er ja vertraglich gebunden war und sein gesamtes Geld für diverse Neuerungen bereits in das elterliche Anwesen investiert hatte. Schorsch war für neun Jahre in diesen Pachtvertrag eingebunden und der Doppelbelastung mit seinem Beruf und der Landwirtschaft nicht immer gewachsen. Doch ich versuchte ihn zu beruhigen, indem ich ihm sagte: „Diese Zeit wird auch vergehen und der Wind wird sich dann auch wieder drehen."

Auch dass seine Mutter mich ablehnte, wusste er ganz genau, denn in Gesprächen mit ihm hat sie oft zu verstehen gegeben, mit mir könne das „nie gut gehen". Ich konnte für ihre Ansichten durchaus Verständnis aufbringen, jedoch einen Menschen abzulehnen, ohne ihn richtig kennen zu lernen und nur weil er dem Idealbild nicht entspricht, damit konnte ich nur schwer leben. Ständig bekam ich zu spüren, dass ich nicht willkommen bin, dass meine Gegenwart stört. Und so manches Mal gab sie mir mehr als deutlich zu verstehen, dass ich ihrem Sohn nicht *würdig* sei. Ich litt stumm darunter, denn auflehnen machte für mich keinen Sinn. Oft zitiere ich mir meinen eigenen Satz: „Liebe und mögen kann man nicht erzwingen, sondern nur gewinnen".

Ich hatte von Anfang an nicht die besten Karten, da ich aus einer Unternehmerfamilie stammte. So konnte ich den Erwartungen und den damit verbundenen Forderungen in ihren Augen nicht immer gerecht werden. Zusätzlich war da noch ein Onkel meines Mannes, der mit meiner Schwiegermutter die verschiedenen Belange, die den Hof betrafen, mehrmals wöchentlich ausgiebig besprach. Dieser Mensch wird mir in der unangenehmsten Weise mein Leben lang in Erinnerung bleiben. Ich konnte mir gar nicht vorstellen, mit wie vielen erniedrigenden Schimpfwörtern ein Mensch verbal angegriffen werden kann. So fuhr ich, wie so oft, mit dem Traktor auf einem Feld, um das Heu zu wenden. In Blitzeseile kam der Onkel meines Mannes an, sprang aus seinem Auto, lief auf den Traktor zu und beschimpfte mich auf übelste Weise mit Wörtern, die mich innerlich erstarren ließen. Ich hatte keine Ahnung, was er von mir wollte, bis sich endlich herausstellte, dass ich aus seiner Sicht das größte Rindvieh aller Zeiten sei, noch dazu damisch und verantwortlich dafür wäre, die ganzen Maschinen kaputt zu fahren. Er hätte bemerkt, dass im Reifen des Heuwenders zuwenig Luft sei und ich solle schleunigst vom Traktor steigen, um Schlimmeres zu verhindern! Ich schaute ihn damals ganz ruhig an und antwortete, er solle das doch meinem Mann sagen, der hätte es mir schon erklärt und ich solle, bis er mit dem Luftkompressor kommt, langsam weiterfahren, denn es fehle nicht viel Luft und er wäre gleich wieder da. Der tobende Onkel beschimpfte darauf hin auch meinen Mann, „dass Schorsch genauso blöd sei wie ich", sonst hätte er nie eine „Solche" zur Frau genommen. Er fluchte weiter ohne Punkt und Komma, solang bis er meinen Mann mit dem Kompressor kommen sah. Mit einem Mal schwieg er dann bzw. mimte den fürsorglichen Onkel, der nur mal schauen wollte, wie weit wir schon wären und wenn wir Hilfe brauchten, solle mein Mann sich nur bei ihm melden, er würde sofort kommen und helfen.

Gott sei Dank antwortete der Schorsch ihm, dass wir das schon alleine schaffen würden und er sich keine Sorgen machen brauche. Als dieser Mensch dann endlich weg war, erzählte ich meinem Mann bedröppelt, wie sein Onkel mich beschimpft hatte und fragte ihn, was er denn gegen mich habe. Es wäre mir ein Rätsel, ich wäre mir keiner Schuld bewusst. Solcherlei Szenarien ereigneten sich noch viele und auch mit meinem Sohn Stefan, aus meiner ersten Ehe, ging der Onkel so unverschämt um, dass mein Sohn mich oft fragte: „Mam, müssen wir denn hier unbedingt wohnen?" Und so versuchte ich Stefan zu schützen, indem ich ihn mitnahm oder er zu meiner Schwester Erika ging, um mit seiner Cousine Marina zu spielen. Mein Sohn Stefan hatte es besonders schwer. Er war noch klein und konnte sich gegen viele Gemeinheiten nicht wehren. Und wie das Leben so spielt: Leider hatte auch sein biologischer Vater kein Interesse an ihm, obwohl er im gleichen Ort wohnte. Das machte dem Jungen sehr zu schaffen und ich war selbst ratlos. Wohin mit drei Kindern, eines davon krank? So blieb ich beharrlich im Leben und versuchte ich mit meiner Verzweiflung zurecht kommen, in der Hoffnung, dass sich meine Mühen eines Tages schon auszahlen würden.

Das war mein Stand in dieser Familie und ich wollte meinem Mann nicht jeden Tag erzählen, wie sehr mich ein Teil seiner Verwandten verbal quälte. Irgendwann hatte sich das dann zum Glück von ganz alleine erledigt, als der Onkel meines Mannes nicht mehr auf den Hof kam. Er war gesundheitlich angeschlagen. In seinem Unmut machte er mich auch noch für seinen Zustand verantwortlich. „Du", so sagte er mir, „bist an allem schuld und irgendwann müsst Du dafür gerade stehen. Das wirst Du schon noch früh genug sehen und Dein Mann Schorsch ist der größte Trottel, *so* eine wie Dich in so ein Anwesen einheiraten zu lassen. Eine Schande für die ganze Familie bist Du, mit Deinem nichtsnutzigen Ableger Stefan. Und mit Dir endet der Schorsch sowieso im Ruin." Diese Worte habe ich noch heute wie Donnerhall in meinen Ohren, vielmehr aber noch die gefühlte Ablehnung dieses Onkels.

Weitere Erschwernisse waren, dass mein Mann Schorsch die ersten fünf Jahre unserer Ehe oft im Krankenhaus lag. Mal wurden die Mandeln entfernt, ein anderes Mal musste eine Zyste wegoperiert werden, dann hatte er eine Knieoperation. Seine verschiedenen Krankenhausaufenthalte zogen sich ganz schön in die Länge und wenn er dann wieder daheim war, konnte er ja auch nicht gleich voll mitarbeiten. So blieb viel Arbeit auf dem Hof an mir hängen.

Unser Nachbar Robert hatte ebenfalls eine große Landwirtschaft, die er mit seiner Frau bewirtschaftete. Auch er war den ganzen Tag auf seinem Anwesen beschäftigt. Er war der einzige, der mir anbot, falls ich mal sporadisch Hilfe benötige, so brauche ich nur zu kommen und er würde – soweit es ihm möglich war – helfen. Mein Dank für dieses menschliche Angebot reicht bis ins Heute, denn er hat mir oft geholfen damals. Wenn eine Kuh kalbte und ich es allein nicht schaffte, so holte ich Robert und bat ihn um Unterstützung oder wenn mit einem Kälbchen etwas nicht stimmte, so fragte ich Robert. Er hatte Erfahrung und gab mir Tipps, ich musste nicht jedes Mal den Tierarzt rufen, der natürlich bezahlt werden wollte, wir aber die Einnahmen aus der Landwirtschaft an die Schwiegermutter abgeben mussten und von dem Geld, das mein Mann als Dachdecker verdiente, der Großteil auch noch in den Hof floss.

Ich lernte schnell und gab mir große Mühe, den Erwartungen der Hofbesitzer standzuhalten und den Anforderungen, soweit es mir möglich war, gerecht zu werden. Ich hatte insofern Glück, dass ich schon als Kind sehr praktisch veranlagt war und gerne mit Tieren arbeitete. Ich war auch gerne draußen und bin – so meine eigene Einschätzung – sehr vielseitig talentiert. Für Neues war ich gerne offen und so hatte ich selbst kein Problem mich anzupassen, denn ich war der Auffassung, dass man alles lernen kann, wenn man nur will. Lediglich die Tatsache, dass ich grundsätzlich von anderen Menschen schon von Anfang an abgelehnt wurde, war hinderlich. Denn wenn man als ungeeignet ansehen und man nie anderer Wunschbild entsprechen kann, so ist deren Zuneigung und Unterstützung kaum zu gewinnen, egal welche Saltos man für sie schlägt. Ich hatte Mühe, diese Ablehnung zu ertragen und konnte mich nur sehr schwer damit abzufinden. Denn egal, wie ich mich anstrengte und wie gut ich meine Sache zu machen versuchte, ich konnte es ihnen niemals recht machen. Niemals. Der Gegenwind in meinem Herzen blieb gefühlt auf Windstärke 10.

Neben all den Sorgen und Verpflichtungen machte mir dann noch eine ganz andere Erwartung zu schaffen: Ich war und bin nie ein Typ, der, wie es so bei den meisten Bauersfamilien üblich ist, sonntags in die Kirche geht. Für mich war es nicht relevant, ob die Menschen im Außen meinen Glauben wahrnehmen und akzeptieren. Ich brauchte die sonntägliche lokale Glaubensdemonstration einfach nicht. In Folge kam es immer wieder mal zu Auseinandersetzungen. Ich hatte meine eigene Vorstellung und meinen eigenen Zugang zu Gott. Ich ging grundsätzlich gerne in Kirchen, aber eben nicht in die bei uns im Dorf – nur – damit mich die Leute sehen und ich der Norm entspreche. Ich bevorzugte es seit jeher, meinen Glauben so zu leben, wie ich es für stimmig hielt. Dafür brauchte ich keine Schwiegermutter und keine Nachbarn, die hinter den Gardinen linsen, ob ich artig in die Kirche spaziere und damit zur Gemeinschaft gehöre.

Da halte ich es lieber mit dem berühmten Albert Schweitzer, der sagte: „Wer glaubt ein *Christ* zu sein, weil er die *Kirche* besucht, irrt sich. Man wird ja auch kein *Auto*, wenn man in eine *Garage* geht." Ob nun katholisch oder eine andere, beliebige Glaubensrichtung, lebt man doch im Herzen und nicht, um einer Glaubensgemeinschaft anzugehören, so dachte ich. Ich hatte in meiner Ansicht nicht berücksichtigt, dass meine Schwiegermutter zu der Spezies Dorfbewohner und Hofbesitzer zählte, die das ganz anders sehen. So ging ich um des Friedens Willen manchmal mit in die Abendmesse. Sie war zufrieden und ich hatte meine Ruhe. Sei's drum.

Doch nach einigen Jahren fing ich an, mich nicht mehr den Gepflogenheiten zu beugen und anderer Menschen Ideal gerecht zu werden. Denn unter'm Strich stimmte meine persönliche Bilanz eh nicht, egal, was auch immer ich tat, ich hatte es nie geschafft, den Ansprüchen und Vorstellungen meiner Schwiegermutter zu entsprechen. In unseren unnützen und unfruchtbaren Dialogen konnte ich für mich nichts Positives finden und so ließ ich sie machen und reden. Aus unseren anfänglich gut gemeinten Dialogen wurden so über die Jahre eisige Monologe ihrerseits und achtsames Weghören meinerseits. Ich widmete mich so gut ich konnte meinen Aufgaben, versuchte das Beste für mich und meine Familie daraus zu machen, und auch wenn ich nach außen hin lachte, gewisse Dinge machten mir doch immer wieder sehr zu schaffen. So kränkte es mich sehr, dass ich über acht Jahre keinen eigenen Haustürschlüssel besaß und immer darauf angewiesen war, dass jemand zuhause war, um mir die Türe zu öffnen.

Zum Thema Haustürschlüssel gab es für mich ein ganz einschneidendes Erlebnis. Es war der Geburtstag meiner Schwester Erika, die mich zum Kaffee eingeladen hatte. Am Nachmittag konnte ich wegen der Feldarbeit nicht weg, so versprach ich ihr, am Abend kurz vorbei zu kommen, sobald ich Stefan und Michael ins Bett gebracht hätte. Damals war ich mit Katharina im siebten Monat schwanger. Noch heute kann ich mich daran erinnern als wäre es gestern gewesen: Es war ein Mittwoch, der Tag, an dem die Stammkneipe meines Mannes Ruhetag hatte, was bedeutete, er blieb zu Hause. Zu meiner Schwester wollte er nicht mitkommen und stattdessen lieber ein Fußballspiel im Fernsehen anschauen. Und so ging ich alleine aus dem Haus, denn meine Schwester wohnte nur zweihundert Meter von uns entfernt. Kurz vor zweiundzwanzig Uhr kam ich nach Hause und die Haustür war verschlossen. Ich lief ums Haus und versuchte es an der Terrassentür, doch auch diese war verriegelt. Da blieb mir noch die Möglichkeit über den Rinderstall, der mit dem Wohnhaus verbunden war, ins Haus zu gelangen. Doch auch diese Tür war zu. So ging ich in die Garage, in der das Auto meines Mannes stand. Am Autoschlüssel, das wusste ich, würde sein Haustürschlüssel hängen, doch auch dieser Schlüssel war abgezogen.

So stand ich da und konnte es kaum glauben: Ich war ausgesperrt. Mein Mann saß im Obergeschoss vor dem

Fernseher. Ich klingelte und rief nach ihm, immer wieder, doch er hörte mich nicht, da er den Fernseher zu laut hatte. Schließlich besorgte ich mir eine Leiter, um an das Schlafzimmerfenster zu gelangen, stieg die Leiter hoch, schob die Vorhänge beiseite und fragte ihn, weshalb alle Türen verschlossen seien. Er wisse doch, dass ich noch außer Haus war. Er schaute mich entgeistert an und sagte, er hätte keine Türe abgeschlossen. Nun bat ich ihn, mir doch bitte aufzusperren, da ich im schwangeren Zustand nicht in der Lage sei durchs Fenster in unser Schlafzimmer zu steigen. Und sollte er mir die Tür nicht öffnen, so werde ich wieder zu meiner Schwester gehen, um bei ihr zu nächtigen, und das Weitere würde sich am kommenden Tag ergeben. Schlagartig sprang er aus dem Bett, ich stieg die Leiter runter, ging zur Haustüre und er öffnete mir. Augenblicklich wurde mir klar, wenn ich abends noch weggehen wollte, musste ich entweder meinen Mann mitnehmen oder eben zuhause bleiben. Den Haustürschlüssel nachmachen zu lassen hätte ich nie gewagt, denn es war nicht mein Anwesen. Es war überlebensnotwendig, ganz besonders auf diesem Hof achtsam zwischen Dein und Mein zu unterscheiden. Und so trug ich ab diesem Abend noch eine neue Art Angst in mir, denn ich konnte nie sicher wissen, ist die Haustüre offen oder verschlossen.

Ich habe den Hofbesitzern zunächst einmal eine gute Absicht unterstellt und bin davon ausgegangen, dass alle Türen unbewusst versperrt wurden, ohne nachzudenken und ohne die Absicht, mich damit zu kränken. Und gleichzeitig fragte sich die Neunjährige in mir, wie Menschen so gedankenlos und vielleicht doch auch rücksichtslos sein konnten.

Meine Schwiegermutter hatte Jahre, bevor ich auf dieses Anwesen kam, einen schweren Wirbelbruch und konnte aufgrund dieser gesundheitlichen Einschränkung nicht mehr so schwer heben und tragen. So wurde es für mich als ihre Schwiegertochter selbstverständlich, dass ich ihr auch während der Schwangerschaften die Arbeit abnahm und bis zur letzten Stunde arbeitete, sei dies nun im Stall oder in der Tenne, wo es das Futter für die Rinder herzurichten galt. Irgendwie schien es so, als könnte und wollte man auf meine Arbeitskraft nicht verzichten und ich habe mich still und mit meinem dicken Bauch bis zur allerletzten Minute geplagt. Tag für Tag. Das Wort Mitgefühl gab es nicht in diesem Haus. Stattdessen gab meine Schwiegermutter mir fortwährend zu verstehen, sie hätte noch viel schwerer arbeiten müssen und das auch bis zu den Geburten. Sie unterstützte mich zwar, indem sie im Stall mithalf, doch die schwere Arbeit blieb mir, denn sie konnte sie ja aufgrund ihres Wirbelschadens nicht viel machen.

Und so zeichnete sich schon im vierten Monat der Schwangerschaft mit Michael ab, dass ich so nicht weitermachen konnte. Es gab Komplikationen und ich suchte meinen Gynäkologen auf. Der verschrieb mir dann ein Mittel, damit ich das Kind nicht verlor und erklärte mir, ich dürfe nicht zu schwer heben und tragen, das würde mir nur schaden. Eigentlich sollte ich viel liegen, wenn ich das Kind behalten wolle. Aber ich konnte ihm doch nicht erzählen, wie das am Hof gewertet wurde. Und so schluckte ich willenlos die wehenhemmenden Tabletten, machte meine Arbeit und erzählte auch nichts von meinen Beschwerden, denn ich hatte nicht die leiseste Ahnung, wie ich mich gegen diesen Druck wehren sollte.

Zwischen den Schwangerschaften von Michael und Katharina hatte ich dann im 4. Monat eine Fehlgeburt von Zwillingen. Zu dieser Zeit musste der Stall abgeschabt und dann getüncht werden. Als ich das nach zwei vollen Arbeitstagen endlich geschafft hatte, war ich mit meiner körperlichen Kraft am Ende, die Fehlgeburt bahnte sich bereits mit furchtbaren Schmerzen an. Meine Schwester Erika fuhr mich in die Klinik, doch alle Kunst der Ärzte schlug fehl. So verlor ich die Zwillinge und musste operiert werden. Nach drei Tagen ging ich auf eigene Verantwortung aus der Klinik, um mich um meine Söhne Stefan und Michael zu kümmern. Schonzeit war auf dem Anwesen meiner Schwiegermutter ein Fremdwort und sie sagte immer: „Schwanger sein ist ein 'Zustand' und keine Krankheit." Letztlich redete ich es mir selbst ein und dachte, vielleicht sei ich einfach nur zu empfindlich. Und versuchte pflichtbewußt weiterhin das Beste aus der Situation zu machen.

Dann wurde ich mit Katharina schwanger. Erneut wurde der Mutterschutz auch diesmal für meine Person überhaupt nicht in Erwägung gezogen. Während dieser Schwangerschaft hatte ich noch mehr zu leisten als sonst, denn in den Frühjahrs- und Sommermonaten fiel nicht nur die Stallarbeit, sondern auch die Feldarbeit an. Als es auf die Geburt im August zuging, war ich hochschwanger und stieg immer öfter in Schmerzen und Erschöpfung vom Traktor, um mich für kurze Zeit auf der Wiese etwas auszuruhen, damit sich meine Bauchschmerzen für ein paar Minuten abschwächten.

Wieder verschrieb mir mein Gynäkologe die wehenhemmenden Tabletten, damit ich das Kind nicht verlor. In dieser Zeit traf ich für mich eine ganz wichtige Entscheidung. Wenn diese Schwangerschaft vorüber ist, lasse ich mich sofort sterilisieren. Mir war klar: Eine weitere Schwangerschaft und die Arbeit konnte ich körperlich und seelisch nicht verkraften. Ich besprach mit meinem Gynäkologen mein Anliegen und er erklärte sich sofort bereit, nach der Geburt dafür zu sorgen. Denn er hatte längst erkannt, dass ich viel zu schwer arbeitete und mir damit schadete. Er sagte auch, so würde ich meine Gesundheit ruinieren. Er konnte nicht verstehen, wieso ich mich nicht auflehnte, ich sei doch sonst energisch genug. Aber wie sollte ich ihm erklären, dass es mir sehr schwer fiel, mich für meine eigene Person zu wehren.

Natürlich half auch mein Mann, wo er konnte. Doch er war ja tagsüber in seiner Arbeit. Ich war schwanger und musste dennoch den großen Haushalt, zwei Kinder, den ganzen Hof und die Landwirtschaft zusammen mit meiner Schwiegermutter versorgen. Sie sagte immer, ich brauche nur langsamer arbeiten. Doch wie sollte das denn funktionieren? Sie half mir zwar im Stall und passte bei Bedarf auf die Kinder auf, dennoch war es für uns zwei Frauen einfach zu viel.

Immerhin, wenn Not am Mann war, hatte ich noch Robert, unseren hilfsbereiten Nachbarn. So holte ich mit dem Traktor jeden Tag das Futter für die Tiere vom Feld. Doch ich traute es mir nicht zu, mit dem vollen Ladewagen rückwärts in die Tenne zu rangieren. Die Einfahrt war sehr schmal und ich hatte immer die Worte des Onkels meines Mannes im Ohr, dass ich alles kaputt fahren würde! Also zog ich es vor, wenn Schorsch noch in der Arbeit war und nicht zeitig nach Hause kam, Robert zu bitten, mir doch den Futterwagen in die enge Tenne zu rangieren. Irgendwann brauchte ich zu Robert gar nichts mehr sagen. Wenn er den Futterwagen vor der Tenne stehen sah, wusste er genau, dass Schorsch noch nicht da war und fuhr ihn mir ohne Fragen hinein, damit ich mit dem Füttern beginnen konnte. Dafür war ich ihm sehr dankbar, denn so konnte ich die Tiere zeitig versorgen und schaffte es meist mit der Stallarbeit fertig zu sein, bis Schorsch heimkam.

Eines Tages, Schorsch war zu diesem Zeitpunkt im Krankenhaus, fragte ich Robert, ob es ihm möglich wäre, mir bis zu Schorschs Rückkehr den Futterwagen in die Tenne zu fahren. Das war für Robert selbstverständlich und er sagte, ich brauche das Futter nur zu holen, er würde mich mit dem Traktor schon kommen hören und sobald es seine kostbare Zeit zuließ, würde er sich darum kümmern.

Dann kam der unvergessliche Tag, der alles für mich veränderte. Wie üblich holte ich vom Feld das Futter für die Tiere. Als ich mit dem Traktor zurück kam, erwartete mich Robert bereits. Erst jetzt fiel mir ein, dass es Dienstag war, da musste er immer rechtzeitig zu seiner politischen Veranstaltung. Und ich war schon viel zu spät dran! Dennoch ließ sich Robert nichts anmerken, war freundlich und half mir wie immer, ohne ein Wort darüber zu verlieren. Ich wusste, er würde jetzt nicht mehr pünktlich zu seiner Veranstaltung kommen und machte mir Vorwürfe. Auch beanspruchte ich ihn viel zu oft, wo er doch selbst mit seinen Aufgaben in der Landwirtschaft voll ausgelastet war. Stets unterstützte er mich tatkräftig bei so vielen Gelegenheiten und ohne eine Gegenleistung zu erwarten.

Als ich an diesem Abend mit meiner Arbeit fertig war und die Kinder zu Bett gebracht hatte, setzte ich mich an den Küchentisch und überlegte lange. Letztlich kam ich zu der einzig möglichen Lösung: ich musste versuchen, den Futterwagen alleine in die Tenne zu rangieren. Die ganze Nacht habe ich nachgedacht, mir unendliche viele Gedanken gemacht, wie ich das anstellen sollte. Doch ich wusste: das werde ich auch noch schaffen ohne die Maschinen kaputt zu fahren.

Am nächsten Tag wartete ich bis Robert mit seinem Traktor auf eines seiner Felder fuhr, damit ich ungestört üben konnte. Ich nahm meinen ganzen Mut zusammen, holte den leeren Futterwagen aus der Tenne, schaltete am Traktor den Kriechgang ein und rangierte ihn mitsamt Futterwagen ganz langsam und vorsichtig in die Tenne zurück. Nach drei Anläufen hatte ich es geschafft. Ich tüftelte genau aus, wo der Traktor stehen musste, damit das Futter circa einen Meter von der Stallluke entfernt war und ich es problemlos zu den Tieren werfen konnte. So malte ich auf den Boden mit einer wasserfesten schwarzen Kreide einen dicken Strich genau dorthin, wo das Vorderrad des Traktors bündig stehen musste, damit der Futterwagen nicht in der Luke landete.

Jetzt konnte nichts mehr schief gehen, wenn ich mich genau an meine Markierung hielt. Am Spätnachmittag holte ich wie immer das Futter von der Wiese und fuhr es zur Tenne.

Ich schickte ein Stoßgebet gen Himmel, dass es mir gelingen möge, ohne Schäden zu verursachen, den Ladewagen korrekt in die Tenne zu bringen. Diesmal war das große Gefährt voll beladen. Ganz tief holte ich Luft und sagte mir: Geli, da musst du jetzt durch! Wie schon am Morgen bei meinen drei Versuchen, wollte ich unbedingt den Erfolg, es auch ohne fremde Hilfe zu schaffen. Der Unterschied lag jetzt darin, dass die Übersicht durch das Futter stark eingeschränkt war. Ganz langsam und vorsichtig lenkte ich das Gespann rückwärts hinein bis zu meinem dicken schwarzen Strich. Hurra! Nun hatte ich auch das geschafft! Schon war der Tag mein Freund und nicht mehr mein Feind. Robert hat mich auch nie gefragt weshalb ich den Futterwagen von nun an alleine in die Tenne fuhr. Er verstand sehr wohl ohne Worte, dass ich ihn nicht unnötig beanspruchen wollte.

Denke ich an diese Zeit zurück, empfinde ich für Robert und seine Hilfe noch tiefe Dankbarkeit. Er hat mich viel gelernt und wenn ich ihn um Hilfe bat, hat er stets ja gesagt. Ich hatte einmal ein Gespräch mit ihm am Gartenzaun, wie man es mit Nachbarn eben pflegt und wir kamen auf das Thema „menschlich sein“.

Robert sah mich verwundert an und fragte mich, was ich denn mit menschlich sein eigentlich meine. Robert ist ein sehr intelligenter Mann, ich konnte nicht nachvollziehen, warum er diese für eine soziale Gesellschaft so grundlegende Begrifflichkeit nicht verstand, und warum er nicht verstehen konnte, dass ich darauf so viel Wert legte. Ich blieb ihm bis heute eine Antwort schuldig, denn für Robert war es so selbstverständlich, mitfühlend und menschlich zu sein, dass er über eine Definition wahrscheinlich nie nachgedacht hat. Und er hatte ja mit seiner Güte und Hilfsbereitschaft immer wieder bewiesen, wie menschlich er war.

Ich hingegen dachte noch lange über dieses Gespräch nach, denn mir lag und liegt dieses Thema sehr am Herzen. Menschlich sein heißt für mich, human, friedvoll und menschenfreundlich zu denken und zu handeln, sich wohltätig und mitfühlend zu verhalten, andere Menschen zu achten und niemandem weh zu tun.

Natürlich kann man generell alles als „menschlich" werten, ob nun jemand lügt, betrügt, Rache hegt oder Hass als menschliche Eigenschaft pflegt – doch das meine ich nicht.

Ich bin sicher, dass jeder von uns irgendwann in seinem Leben für sein bewusstes oder unbewusstes Handeln gerade stehen darf, ob er will oder nicht. Auch wenn man dann mit sich selbst hadert und Ausreden sucht, ist doch das eigene Gewissen das Einzige, dem keiner entrinnt.

Ich hatte es nicht immer leicht im Leben, doch nach meinen Empfinden habe ich für mich und meine Umgebung meistens eine friedvolle Balance erreicht. Und eine alte Binsenweisheit besagt ja auch: „Bekanntlich führt nicht der Krieg zum Sieg".

4. Kapitel

Ich nahm meine Tochter an die Hand und ging los.
Oft dachte ich, wie schaffen wir das alles bloß?
Doch: Meine innere Stimme begleitete mich,
wenn auch mit Tränen im Gesicht!

Der Sommer 1986 war ein schöner Sommer, denn meine Tochter Katharina wurde im August 1986 geboren. Sie war ein ganz normaler Säugling, wie viele andere auch. Die geistige und körperliche Entwicklung waren bis zu ihrem 4. Lebensjahr unauffällig, oder wie man so schön sagt: sie lagen im Normbereich. Ab dem 5. Lebensjahr ging es mit ihrer körperlichen Entwicklung nur stockend weiter. Langsam aber stetig nahmen die Auffälligkeiten und Beschwerden zu. Katharina zog sich immer öfter zurück und klagte über Kopfweh. Auch zu ihrer damaligen Freundin Jenny wollte sie nur noch selten zum Spielen gehen, obwohl diese gleich an der gegenüberliegenden Straßenseite wohnte. Bat ich sie, zu Jenny zu gehen, so tat sie es sehr widerwillig oder eben gar nicht, sondern zog sich in ihr Kinderzimmer zurück und hörte sich mit dem Kassettenrekorder Pumuckl an. Auch Jenny versuchte immer wieder, Katharina zu überreden. Wenn sie es doch einmal schaffte, so dauerte das Spiel meist sehr kurz. Nach kaum einer Stunde wollte Katharina nach Hause. Ich sah, wie enttäuscht Jenny war, während Katharina einen gequälten Eindruck machte und immer weniger lachte. Die Jahre vorher verbrachten die beiden fast täglich miteinander. Erst gingen sie gemeinsam in den Kindergarten und am Nachmittag spielten sie zusammen, doch das wurde zunehmend weniger. Nur noch an Katharinas wenigen „besseren“ Tagen, verbrachte sie den Nachmittag mit Jenny.

Die Arztbesuche mit Katharina begannen und damit eine Odyssee, die sich sieben Jahre lang hinziehen sollte. Ich konnte mir gar nicht vorstellen, was sich so mancher Mediziner und Pädagoge herausnimmt und wie man als Mutter eines kranken Kindes in die Pflicht genommen wird. Als würde man sich eh nicht schon genug Sorgen machen. Anstatt sie ihrer Berufung den nötigen Respekt zollen, wurden sie anmaßend, vor allem wenn ich sie auf Unstimmigkeiten hinwies. Sie wählten den bequemsten Weg des geringsten Widerstands, um sich – trotz deutlicher Auffälligkeiten und Symptome – zusätzliche Anstrengung zu ersparen und meiner Tochter und mir keine größere Aufmerksamkeit schenken zu müssen.

Wir versuchten alles. Griffen nach jedem Strohhalm. Aber immer, wenn die Ärzte, die wir aufsuchten, uns eine Geschichte auftischten, ließ meine innere Stimme mich aufhorchen, sie mahnte mich, nicht einfach zu glauben und willfährig zu sein.

Meine Geschichte nennt weder Orte noch Namen, sondern ersetzt diese mit Pseudonymen, denn ich vermute, die Betroffenen werden sich ohnehin selbst wieder erkennen. Unter all diesen Menschen, die uns so rüde behandelt haben, sind auch zwei Lehrerinnen, die nicht mehr leben. Und ich möchte auf keinen Fall ihre Totenruhe stören, da sie sich nicht mehr zur Sache äußern können. Zugleich werde ich keinen der betroffenen Ärzte oder Lehrer schonen und ihnen meine Sicht der Dinge zumuten, denn ich fand, sie waren unfähig, fristeten ihren Verdienst auf Kosten anderer Menschen und versteckten sich hinter dem bayerischen Staat und ihrer amtlichen Autorität. Mir ist das wichtig zu erwähnen, um Mütter und Väter mit kranken Kindern zu ermutigen, sich unqualifizierten oder unmenschlichen Äußerungen von Ärzten und Lehrern zu widersetzen.

Doch wie immer gibt es die einen und die anderen. Es gibt auch überall auf dieser Welt auch fähige und kompetente Pädagogen und Mediziner. Zu unserem großen Glück haben wir die auch gerade noch rechtzeitig gefunden. Doch bis dahin war es eine Odysee von Arzt zu Arzt, von Klinik zu Klinik und manchmal fühlte sich nicht nur meine Tochter, sondern auch ich derart geschunden, dass bis heute noch seelischen Wunden geblieben sind. Auch wenn ich das Fehlverhalten dieser Menschen nie vergessen werde, habe ich mittlerweile doch vergeben. Ich durfte gezwungenermaßen viel lernen, von dem ich nicht wußte, dass ich es kann. Das waren meine ganz persönlichen Lerngeschenke in jeder schrecklichen Begegnung.

Unsere ganze Familie wurde in dieser schweren Zeit von Katharina's Krankheit auf eine harte Probe gestellt. Wir Eltern, Katharinas Geschwister, die Großeltern sowie Tanten und Onkel waren dieser hoffnungs- und scheinbar aussichtslosen Lage nicht immer gewachsen. Viele endlose Diskussionen führten schließlich nur dazu, dass wird uns irgendwann nichts mehr zu sagen hatten. Auch die oft gut gemeinten Ratschläge konnte ich früher oder später nicht mehr ertragen. Mir als „Laien“ wollte oder konnte man verständlicherweise auch nicht uneingeschränkt glauben. Mutterinstinkte galten nicht viel. Es war völlig „normal“, dass der Rest der Familie über einen sehr langen Zeitraum dem tiefsitzenden Glauben an die studierten Mediziner treu blieb und mir deshalb mehr oder weniger nicht vertraute. Genau genommen glaubten alle um mich herum nur den „Göttern in Weiß", bis die erste korrekte, aber verheerende Diagnose nach qualvollen sieben Jahren gestellt wurde. So blieb ich in dieser langen Zeit mit der Sorge und Verantwortung allein. Doch ich war es ja von Kindesbeinen an gewohnt, selbstständig zu denken, wenn es Probleme gab. Demzufolge vertraute ich auf meine natürliche Wahrnehmung, auf mein Gefühl und meine Intuition. Das war für die anderen kaum nachvollziehbar. Und so fragten sie auch nicht danach. Die familiären Spannungen wuchsen ins Unerträgliche. Ständig hatte ich das Gefühl, als würde ich gegen eine Mauer laufen.

Mein Mann Schorsch bekam davon kaum etwas mit. Am Tag ging er seiner Arbeit als Dachspengler nach, am Abend kam er nach Hause und erledigte mit mir die Arbeiten am Hof, die ich alleine nicht bewerkstelligen konnte. Danach pflegte Schorsch damals ausgiebig sein Hobby, das Kartenspielen mit Freunden in der nahegelegenen Gaststätte und kam meist erst spät nachts nach Hause. Oft saß ich irgendwo in einer stillen Ecke und versuchte meine Empfindungen und Gedanken zu ordnen. Auch fragte ich mich zwischendurch, ob ich meiner inneren Stimme wirklich trauen konnte, wo doch alle das Gegenteil behaupteten. Doch immer, wenn ich mich wieder gefangen hatte und mich zu besinnen begann, spürte ich sehr wohl, dass mich meine innere Stimme nicht belog. Sie blieb beharrlich. Schließlich hatte ich doch meine zwei Söhne als lebendes Beispiel vor mir, und bei denen war die körperliche Entwicklung völlig normal. Wenn keiner erkennen wollte oder konnte, dass bei Katharina eine schwerwiegende Entwicklungsstörung vorlag, so sollte zum gegebenen Zeitpunkt jeder für sein voreiliges Urteil gerade stehen. Doch bis dahin sollte noch viel Zeit vergehen und ich wusste nicht, wie mühevoll sich die Zukunft gestalten würde. Die Wechselbäder der Gefühle irritierten mich zuweilen, aber letztendlich versuchte ich stets, das Geschehen so sachlich wie möglich zu werten, damit sich die Fronten nicht zu sehr verhärteten. Ich war fest entschlossen, meinen Weg unbeirrt weiter zu gehen. Tiefe Traurigkeit und Hoffnung wechselten sich ständig ab Es war ein permanentes Wechselbad der Gefühle, tagein, tagaus. Tag und Nacht. Jahr und Tag.

Damals betrieben wir die Landwirtschaft im Nebenerwerb, Ammenviehhaltung kombiniert mit Bullenmast. Mein Mann Schorsch war montags bis freitags als Dachdecker-Spengler im Nachbarort beschäftigt. Ich verrichtete die anfallenden Haus- und Stallarbeiten und fuhr mit dem Traktor auf die Felder, um das Futter für die Tiere einzubringen. Oft musste ich mich dazu förmlich zwingen, denn ich lebte in der ständigen Sorge um Katharina. Bis spät in die Nacht habe ich mich mit viel zu viel Arbeit geschunden. Das hatte langfristige Folgen für meinen Körper und noch heute versuche ich, die zurückgebliebenen Schäden zu kurieren und mich zu regenerieren. Alle die Arbeiten wie z.B. Wäschebügeln, die ich am Tage nicht geschafft hatte, erledigte ich dann abends, sobald die Kinder im Bett waren.

Als Katharina 1992 vorzeitig eingeschult werden sollte, stellte sich für die Lehrer die Frage, ob man nicht besser ein Arzt zu Rate zog. Es standen hierbei nicht die Belange des Kindes oder seine persönliche Entwicklung im Fokus, auch ihre auffällig kleine Körpergröße war nicht ausschlaggebend. Es ging lediglich um die schon oft diskutierte, genormte, behördliche Abfertigung von Kindern mittels eine Stichtages. Ein amtlich vorgegebener Termin, vor dem ein Kind geboren sein muss, um ohne weitere Diskussionen eingeschult zu werden. Katharina wollte unbedingt mit ihren Vorschulfreundinnen eingeschult werden, die allesamt vor dem Stichtag geboren waren. Katharina war es leider nicht. Also musste sie wohl oder übel zu der angeratenen Untersuchung. Natürlich fiel dabei auf, dass sie weit unter dem statistischen Wert der Perzentile lag, die den Mindestwert der Körpergröße festlegte. Katharina hatte vor der Einschulung auch mehr grippale Infekte als in den Jahren zuvor. Deshalb riet man uns, einen Hals-Nasen-Ohren-Arzt aufzusuchen. Wir vereinbarten einen Termin. Nachdem der Arzt sich die vermehrten Infekte auch nicht so recht erklären konnte, riet er mir auf bloße Annahme hin, Katharinas Mandeln entfernen zu lassen, da diese vergrößert seien. Immerhin bestehe sonst die Möglichkeit, dass Katharina in der Schule durch zu viele Infekte ausfiele. Außerdem seien häufige Mandelentzündungen schädigend für die Herzklappen. So wurde Katharina noch vor der Einschulung in der benachbarten Kreisklinik die Mandeln entfernt. Wie ein Häufchen Elend lag sie nach der Operation in ihrem Bett und sprach kein einziges Wort. Was ich auch fragte, es kam keine Antwort über ihre Lippen, nur ein Kopfschütteln oder Nicken. Mir wurde ganz mulmig, denn mein erster Gedanke war, hoffentlich sind ihre Stimmbänder nicht verletzt worden.

Das ging über vier Tage so und der zuständige HNO-Arzt konnte es sich nicht erklären. Auch aß Katharina nur ganz dürftig, was sich mit normalem Menschenverstand aber durchaus erklären ließ, da sie ja Schmerzen im Hals hatte. Meine Schwiegermutter brachte ihr Eis ins Krankenhaus, es sollte den Rachenraum kühlen, und sie versuchte ihr Möglichstes, indem sie Katharina gut zuredete, dass es ihr bald besser ginge und sie bald wieder alles essen könne. So saßen wir im Wechsel an Katharinas Krankenbett. Als Katharina kurz vor der eigentlichen Entlassung immer noch kein Wort sprach, wurde eine erneute Kurznarkose in Erwägung erwogen, um nachzusehen, ob mit den Stimmbändern alles in Ordnung sei. Daraufhin erklärte ich Katharina, dass sie eventuell in die Kinderklinik der Landeshauptstadt müsste, sollte sich bei der Untersuchung herausstellen, dass mit den Stimmbändern operationsbedingt etwas nicht stimmte. Da sagte sie auf einmal ganz leise: „Ich kann reden, aber es tut so weh." Sofort gab ich dem HNO-Arzt Bescheid, dass sich eine Untersuchung erübrigen würde. Katharina habe mit mir gesprochen und klage über Schmerzen beim Reden und Schlucken. Mir wurde gesagt, sie solle mehr Halstabletten lutschen und es mit dem Reden und Essen weiterhin versuchen. Das sei ganz normal, ich brauchte mir keine Sorgen zu machen. Katharina sei einfach empfindlicher als andere Kinder, gab mir die Krankenschwester noch mit auf den Weg, als ich im Stationszimmer die Tabletten holte.

Wie so oft zog ich mich zurück, horchte in mich hinein und stellte fest, dass da etwas nicht stimmte. Es fühlte sich nicht stimmig an, was Katharinas Beschwerden mir anzeigten und was die Mediziner von sich gaben. Mich ließ dieses Gefühl auch bei der Entlassung aus der Klinik nicht los. Auch als Katharina schon längst wieder zuhause in der gewohnten Umgebung war, dauerte es noch lange, bis sie sich von der Operation erholte und ihr Gesicht blieb weiter farblos. Dieser Umstand verstärkte mein Unbehagen noch mehr. Der Heilungsprozess schien bei ihr viel länger zu dauern als bei anderen Kindern. Ich hatte damit so meine Erfahrungen, weil Stefan und Michael bereits Jahre zuvor die Mandeln entfernt worden waren. Also konnte ich durchaus einen Vergleich in Erwägung ziehen und mir ein Urteil erlauben. Mehrere Wochen musste ich Katharinas Hals immer wieder mit Eis kühlen, das Essen pürieren und allmählich kam ihre volle Stimme zurück, mit jedem Tag ein kleines Stück.

Immer habe ich mir über die Jahre hinweg meine ganz privaten Notizen gemacht, über die ein anderer Mensch vielleicht lacht. Doch genau diese Aufzeichnungen und Gesprächsnotizen ermöglichen es mir heute, diese Geschichte detailgetreu wiederzugeben. Die Neunjährige in mir hat ganze Arbeit geleistet. Stets habe ich mir die Menschen genau angeschaut, mit denen wir zu tun hatten, um ja nichts zu übersehen, und meine Beobachtungen fein säuberlich notiert. Dafür können sie mich hassen oder lieben, die, die da zu Papier gebracht wurden. Denn auf dem Papier steht nicht mehr, aber auch nicht weniger als die reine Wahrheit, die Fakten, wie ich sie wahrgenommen habe. Gewiss ist es schwer, sich meiner Sicht der Wahrheit zu stellen und sich nicht zu den oberflächlichen, nachlässigen Menschen zu gesellen. Ich habe die betroffenen Ärzte und Lehrer nicht geschont und ich bin heute dankbar dafür. Denn der Kampf um mein Kind hat sich, im Nachhinein besehen, in jedem Fall gelohnt.

Obwohl Katharina keine geistigen Einschränkungen hatte, gab man uns schließlich zu verstehen, dass es eventuell von Vorteil wäre, Katharina noch ein Jahr von der

Schule zurückzustellen und sie im Kindergarten zu lassen, um ihr Wachstum abzuwarten. Ich entschied mich für die Einschulung, denn seit wann misst man die geistige Schulreife an der Körpergröße? Katharina hätte sehr darunter gelitten, nicht mehr bei ihren Freundinnen zu sein, die ihr aus dem Kindergarten sowie aus der Vorschule so vertraut waren. Von ihrer damals besten Freundin Jenny trennte sie lediglich ein Altersunterschied von wenigen Monaten. Sie wollte unbedingt auch mit Jenny eingeschult werden. Die beiden freuten sich bereits darauf, gemeinsam ihre Hausaufgaben zu machen und am Nachmittag miteinander zu spielen.

Ich fuhr mit Katharina in den nächstgrößeren Ort, um den von ihr gewünschten Schulranzen und die ersehnte Schultüte zu kaufen. Als ich sah, wie groß der Schulranzen war, ahnte ich die erste drohende Gefahr. Katharina war weniger bestürzt, denn sie argumentierte, ihr Bruder Michael gehe doch in die gleiche Schule und der würde ihr helfen, den Schulranzen zu tragen, wenn er ihr zu schwer würde. Und genauso ist es dann gekommen. Michael trug ihr den Schulranzen, half ihr in den Schulbus und versuchte immer, für Katharina da zu sein. Er gab ihr die Gewissheit, nicht allein zu sein. Oftmals war Michael der Verantwortung, die er für seine Schwester als selbstverständlich ansah, in seinem Alter überhaupt nicht gewachsen. Doch er wollte ihr, soweit es in seinen Möglichkeiten stand, beistehen. Meine Schwiegermutter versuchte immer wieder in ihrer Art, Katharina zum „mehr essen“ zu überreden, was dann als Resultat Erbrechen nach sich zog und ich meiner Schwiegermutter unablässig zu verstehen geben musste, dass Katharina schon essen werde, wenn sie Hunger hat. Meine Schwiegermutter hatte so ihre eigenen Vorstellungen vom Statussymbol eines gut genährten Bauernkindes und dem entsprach Katharina natürlich in keinster Weise. Um Katharina aufzupäppeln, wie man so schön sagt, brachte meine Schwiegermutter ihr oft das Pausenbrot zur Bushaltestelle. Katharina brachte es dann genauso wieder heim, wie es ihr die Oma am Morgen überreicht hatte. Die Unzufriedenheit meiner Schwiegermutter lag wie dicke Luft im Raum.

Irgendwann zog meine Schwiegermutter endlich in ihr Austragshaus, das nicht weit vom Anwesen entfernt lag. Die Kinder konnten sie jederzeit besuchen, wenn sie wollten, und die familiären Spannungen im Haus wurden weniger belastend. Wenn drei Generationen unter einem Dach mit solchen Bedingungen leben, sind die Konflikte natürlich vorprogrammiert. Mit ihrem Auszug bekam ich dann auch endlich einen eigenen Haustürschlüssel. Und dennoch: Ich fühlte mich auf dem Anwesen immer noch wie eine Fremde. Ich hatte ständig das Gefühl, das hier ist meine Adresse, aber nicht meine Heimat. Und das, obwohl ich überall dabei war, egal was mein Mann und ich gemacht oder gebaut haben – es war nicht mein Zuhause. Das Dach über'm Kopf und das Materielle war mir nie wichtig, für mich hatten nur die Menschen, mit denen ich lebte, eine Bedeutung.

Auch heute empfinde ich diese innere Spaltung manchmal noch so, obwohl es bestimmt keinen Grund mehr dafür gibt. Es liegt vielleicht daran, dass das Bittere, das man erlebt hat, immer wieder nachwirkt und sich tief in die Körperzellen eingebrannt hat.

Ich versuchte weiterhin für Katharina Hilfe zu bekommen und zu oft schien es so, als würden sich meine Mühen nicht lohnen. Kostbare und wertvolle Zeit ging verloren. Die Jahre vergingen ohne Verbesserung für Katharina. Laufend saßen wir stundenlang in den Vorräumen von Ärzten, Homöopathen und Naturheilkundlern. Allein die Gespräche im Arztzimmer würden ein eigenes Buch füllen.

Immer und immer wieder kam Katharina von der Schule nach Hause und klagte über Kopfschmerzen. Sie musste sich immer erst einmal hinlegen und die Hausaufgaben später machen. Unsere Küche glich einem Unterrichtsraum, in dem Katharina in Etappen ihre Hausaufgaben erledigte. Katharina versuchte ihr Schicksal mit der nötigen Fassung zu tragen. Sehr früh lehrte ich meine Tochter, an das Positive zu glauben, sich nicht dem Negativen hinzugeben, sondern mit Zuversicht in die Zukunft zu blicken. Das war eine echte Herausforderung, denn Katharina quälte sich zwischen Ausruhen und Hausaufgabenmachen unablässig, um den Anforderungen der Lehrer gerecht zu werden und auch, damit man ihr nicht noch mehr den Rücken zukehrte.

Ich vereinbarte für Katharina einen Termin bei der Haus-Kinderärztin und schilderte ihr das Beschwerdebild. Einige Monate lang wurde versucht, mit den herkömmlichen, konservativen Schmerzmitteln eine Linderung zu erzielen, was den erhofften Erfolg aber nicht brachte. Dann wurde von der Kinderärztin die dringend erforderliche Untersuchung in der Kinderklinik der bayrischen Landeshauptstadt in Betracht gezogen. Diese Klinik gehört mit Sicherheit zu den Besten in Oberbayern. Nur hatten wir das Pech, an genau jene Ärzte bzw. Assistenzärzte zu geraten, die sich in klassischen und unflexiblen Denkschablonen bewegten. Jene, die in der ständigen Eile alles verdrehten und verzerrten, bis es in ihr Bild passte, und die das Befinden des Patienten dann nicht mehr mit ärztlicher Sorgfaltspflicht und in der Verantwortung für den Menschen, sondern aus schmalspurigen, begrenzten Blickwinkeln bewerteten.

Mit dem Ausfüllen des Anamnesebogens begann eine weitere Odyssee. Da wurde unter anderem nach dem Gesundheitszustand der Brüder gefragt, dann bei den Eltern nachgehakt und zum Schluss kamen die Großeltern dran. Nachdem sich bei meinen Eltern nichts Vergleichbares finden ließ, schaute man umso genauer auf die väterliche Linie. Es dauerte nicht lange, bis man scheinbar fündig geworden war. Was dann im Endeffekt dabei heraus kam, lässt mich noch heute erschaudern. Nachdem wir wahrheitsgetreu angegeben hatten, dass sich der Vater meines Mannes das Leben genommen hatte, fiel bei der damaligen Assistenzärztin sofort der Groschen. Katharina sei psychisch instabil und ich sollte doch beachten, dass sich derartige Fälle in der Familie immer wieder einmal wiederholten. Von einer kindlichen Migräne wurde gesprochen, ohne nach den Ursachen zu forschen und wieder ließ mich meine innere Stimme aufhorchen. Meine Argumentation, dass Katharina nicht labil sein könne, weil sie zwei ältere Brüder habe und sich durchaus zu wehren wisse, brachte nichts. Auch gab ich zu verstehen, dass mir in der Entwicklung meiner Söhne keine Auffälligkeit wie Minderwuchs aufgefallen sei, bei Katharina aber sehr wohl.

Als Antwort bekam ich zu hören, ich solle doch mich selbst betrachten, denn ich sei mit meinen eins sechzig auch nicht unbedingt die Größte. Und Mädchen seien eben generell kleiner und meist zierlicher. Meinen Einwänden, dass ich zwei Söhne mit völlig normaler Entwicklung habe, schenkte keiner nur einen Hauch von Beachtung. Mir wurde fürsorglich geraten, meine Tochter nicht mit ihren Brüdern vergleichen, denn eine normale Entwicklung würde Katharina nie erreichen. Der Umgang mit uns machte mich fix und fertig und ich wusste nicht im Ansatz, wo das alles hinführen sollte. Ich fand kein offenes Ohr, auch wenn ich mir es noch so sehr gewünscht hatte. Man informierte mich nur noch, dass die Haus-Kinderärztin den Befund zugeschickt bekäme, um mit uns das weitere Vorgehen abzuklären. Mit einer Diagnose der psychischen Instabilität, verbunden mit einer kindlichen Migräne, fuhren wir schließlich wieder – matt, hilflos und ohne eine nützliche Idee vom nächsten Schritt – nach Hause.

Als der Befund bei der Hausärztin ankam, vereinbarten wir sogleich einen Termin. Ich bat die Kinderärztin um eine Kopie dieses so fragwürdigen Arztbriefs der Kinderklinik. Was darin stand, konnte ich als Ottonormalverbraucher gar nicht richtig lesen, dazu fehlten mir die nötigen Lateinkenntnisse. Also ließ ich mir den Befund erst einmal von der Ärztin erläutern. Es ging um Vererbung der seelischen Belastbarkeit und um den Kleinwuchs, der höchstwahrscheinlich auf die genetische Veranlagung zurückzuführen sei. Also wie so oft, umsonst gehofft. Die entscheidende Hilfe und Unterstützung blieb ebenso aus wie die nötige Aufmerksamkeit für die Beschwerden meiner Tochter.

Wieder konnte ich ganz deutlich meine innere Stimme hören. Sie ließ sich nicht täuschen und gab mir schon durch ein Unbehagen mehr als deutlich zu verstehen, dass ich nicht locker lassen sollte. Als erstes kaufte ich mir ein medizinisches Wörterbuch, um die diagnostischen

Begriffe zu verstehen. Da stand etwas von Anamnese, was auf die Vorgeschichte hinwies, von Hypophagie, was angeborene Unterentwicklung hieß, sowie Kausalität, was den Zusammenhang von Ursache und Wirkung bzw. die Ursächlichkeit beschreiben sollte. So kam es, dass ich mich mit der Zeit durch ständiges Nachschlagen in den verschiedensten Wörterbüchern ganz automatisch in der medizinischen Terminologie weiterbildete.

Katharinas erstes Schuljahr ging vorüber und am Ende war sie nicht einen Millimeter gewachsen. In unserer Küche stellte ich sie an die Wand und zog mit einem Eddingstift einen Strich oberhalb ihres Kopfes, um ihr Wachstum verfolgen zu können.

Die viele Arbeit und die unerkannte Krankheit von Katharina raubten mir so manche Nacht den Schlaf, von Stress und Ängsten geplagt, schwitzte ich einiges an Nachtwäsche nass. Meine Söhne Stefan und Michael brauchten natürlich auch Zeit und Zuwendung. Ich musste auch mit ihnen Hausaufgaben machen und sie beaufsichtigen, damit nicht alles aus den Fugen geriet. Nachdem Katharina nachts oft wegen der starken Kopfschmerzen nicht ausreichend schlafen konnte, musste sie sich tagsüber nach der Schule ausruhen, um die nötige Kraft aufzubringen, sich den gestellten Aufgaben zu widmen. Michael war das lebhaftere meiner drei Kinder. Irgendwann hatte er die Nase voll und fragte mich in seiner kindlichen Art, was das eigentlich solle. Ich wollte wissen, wie er das denn meine. Er antwortete: „Katharina und Du, Ihr seid hier am Hof nicht allein! Am Tag sollen Stefan und ich fliegen und in der Nacht tief und fest schlafen, damit wir Katharina nicht stören. Da frage ich mich, wo wir eigentlich hingehören? Bring doch Katharina in ein Krankenhaus, dann ist Ruhe hier zu Hause." Ich war erst einmal schockiert und sprachlos. Dann erklärte ich Michael, dass die Ärzte nichts finden konnten, was einen Krankenhausaufenthalt erforderlich machen würde und dass wir alle fest zusammenhalten müssten, bis wir den geeigneten Arzt träfen, der Katharinas Krankheit herausfände.

Es war kaum möglich, ein intaktes Familienleben zu führen und sich gleichzeitig nicht im Sumpf der ärztlichen Unfähigkeit zu verirren. Auch die übrigen Familienmitglieder wollten mich ständig belehren, dass die Mediziner es doch besser wissen und ich solle doch einfach alles abwarten. Sogar meine eigene Mutter hatte erhebliche Zweifel an meinen Wahrnehmungen und Nachforschungen und ermahnte mich, ich solle endlich aufhören ständig darüber zu brüten und mich doch damit abfinden, was die Ärzte mir sagten und tun was sie mir raten. Sie konnte es einfach nicht glauben, dass es in der heutigen Zeit nicht möglich sein sollte, eine genaue Diagnose zu stellen. Ich gab ihr immer wieder zu verstehen, dass ja eine Diagnose grundsätzlich vorlag, doch ich sei es, die sich damit nicht zufrieden gab und die Situation anders sah.

Auch mein Mann Schorsch tadelte mich, dass ich mir anmaßte, schlauer als die Ärzte sein zu wollen, die hätten doch nicht umsonst studiert und ich soll doch endlich versuchen normal zu leben und mich nicht so zermürben. Ich sagte ihm dann ganz deutlich und schonungslos, wie er denn dazu käme, sich derart zu äußern, wo er doch den Großteil seiner Freizeit am Stammtisch verbringt und sich mit Kartenspielen vergnügte. Ich war erst mal nur wütend und verletzt, weil mich keiner verstehen wollte oder konnte. Gleichzeitig war mir das Mitreden wollen und doch selbst nicht genug Verstehen, zu viel, denn nicht einer merkte und spürte, wie es mir mit dieser Situation ging. Und ich selbst war sprachlos und konnte mich nicht mitteilen. Was nur sollte ich mit den schlauen Sprüchen und wertlosen Ratschlägen anfangen? Meine Schwiegermutter nahm ihren Schorsch in Schutz und begründete es damit, dass ihr Sohn ja schließlich einen Ausgleich brauche, er müsse ja immerhin die ganze Woche über schwer arbeiten und ich solle ihm so viel wie möglich abnehmen, das hätte sie in ihrer Ehe auch gemacht, denn nicht umsonst hätten sie und ihr verstorbener Mann soviel im Leben geschafft. Doch bei diesen Worten hatte sie das Entscheidende vergessen: sie hatte kein krankes Kind, um das sie sich intensiv hatte kümmern müssen. Denn bekanntlich braucht ein Kind im gesunden Zustand weniger Aufmerksamkeit. Ein krankes Kind braucht jedoch sehr viel Zuwendung und Fingerspitzengefühl. Von den Sorgen und Nöten ganz zu schweigen, die einen deshalb Tag ein Tag aus innerlich beschäftigen und in Anspruch nehmen. Das machte es mir schwerer, mein körperliches Arbeitspensum auch noch zu schaffen.

Ich verspürte mit jedem Tag mehr eine derartige Ohnmacht, und die Neunjährige in mir hielt mir tapfer die Stange, die wußte wohl, wie ich mich fühlte. Keiner begleitete mich durch diese Hölle von gefühlter und erlebter Inkompetenz und pädagogischer wie medizinischer Arroganz. Niemand wollte oder konnte erkennen, dass es höchste Zeit gewesen wäre, genauer hinzusehen. Und so ging ich mit meiner Tochter im Alleingang weiter durch den Irrgarten menschlicher Nieten. Mein Motto lautete: Lass Dich im Fühlen, Spüren, Denken von den oberflächlichen und vorurteilsgeprägten Mitmenschen ja nicht ablenken! Und das war wirklich nicht leicht. Ich wurde einsam im Kampf um meine Tochter, da meine Verwandtschaft, meine Freunde und Bekannten in dieselbe Richtung mitrannten, in die alle liefen.

Schließlich kam Katharina in die zweite Klasse und die erste Notiz, die die damalige Lehrerin in ihr Hausaufgabenheft schrieb, war, dass ich doch einmal in die Lehrersprechstunde kommen sollte. Ich zeichnete das Hausaufgabenheft gegen und bat gleichzeitig um einen Termin, den sie mir für die darauf folgende Woche gab. Dort wurde mir nahe gelegt, ich solle doch mit Katharina zum Hausarzt oder Kinderarzt gehen, um ein ärztliches Attest zu erbitten, dass die Befreiung vom Sportunterricht befürworte. Als ich nachfragte, ob das wirklich notwendig sei, hieß es, sie sehe es nicht ein, beim Sportunterricht ständig auf Katharinas Körpergröße Rücksicht zu nehmen und begründete es damit, dass sie bei den Bockspringübungen die Geräte jedes Mal umstellen müsse. Auf die simulierten Kopfschmerzen, die Katharina beklagte, möchte sie auch nicht weiter eingehen.

So wurde Katharina zur Außenseiterin, die Lehrerin ignorierte die Tränen des Kindes, statt nach einer brauchbaren Lösung zu suchen. Wichtig war ihr nur, ein ärztliches Attest zu bekommen, um sich bequem ihrer Verantwortung zu entledigen und sich ja nicht mit dem eigenen Gewissen auseinandersetzen zu müssen. In mir tobte die Neunjährige. Die wußte ja nur zu gut, wie sich meine Tochter fühlte. Gleich für den kommenden Tag vereinbarte ich einen Termin bei Katharinas Ärztin und schilderte, was die Sportlehrerin gefordert hatte. Katharina hatte erklärt, dass sie auf den für sie zu hohen Bock nicht springen könne und dass die Lehrerin sie tadelte, wenn sie über Kopfschmerzen klagte. So wurde ein Überweisungsschein für die Vorstellung bei einem Kinderneurologen ausgestellt und natürlich auch das gewünschte Attest.

Die Freundschaft zu Jenny pflegte Katharina nur noch sporadisch, wenn sie überhaupt Kraft hatte, spielen zu können. Inzwischen hatte Jenny Katharina in der Körpergröße schon längst um mehr als eine Kopflänge überholt. Jennys Mutter versuchte oft, Katharina mit verschiedenen Tricks zum Spielen bei Jenny im Garten zu überreden, doch meistens tat sie es dann nur um des lieben Friedens Willen und musste sich nach dem Spielen erst mal hinlegen. Natürlich wollte auch Katharina nicht immer alleine sein und Jenny war ihr wichtig, so versuchte Katharina immer, wenn die Kopfschmerzen ein kleines bisschen leichter waren, die Zeit mit Jenny zu genießen. Mit den Jahren allerdings machte ihre Erkrankung die meisten Verabredungen zunichte. Auch für mich als Mutter war es traurig mit anzusehen, wie die sozialen Kontakte mehr und mehr zerfielen. Ich gab mein Bestes und fühlte mich doch weitgehend machtlos.

Katharina's körperlicher und seelischer Erschöpfungszustand bahnte sich schleichend an. Zuerst fühlte sie sich schlapp, verbunden damit, dass ihr schlecht wurde, was zur Folge hatte, dass sie sich erbrach und der Hunger nachließ. Hinzu kamen dann diese Kopfschmerzen, die sich immer mehr steigerten, so dass sie sich hinlegen musste. Wir wussten nie, wie der Tag beginnen und wie er enden würde. Auch die Wetterumschwünge machten ihr mit den Jahren immer mehr zu schaffen. Das ständige Erbrechen zehrte sie aus. Mehr mehr fühlte sich ihr Zustand sich wie ein körperlicher Verfall an und jeden

Tag musste ich damit rechnen, dass es sich weiter steigerte bzw. abwärts ging. Immer wieder fragte ich mich: „Wie viel Stress kann ein Kind ertragen, bevor es psychisch und körperlich zusammenbricht?“ Die Neunjährige in mir wußte wohl, dass Kinder zu viel mehr fähig sind als wir uns im Erwachsenenalter vorstellen konnten. Doch die Mutter in mir verzweifelte mit jedem Tag ein bisschen mehr.

Erneut wurde ein Arzttermin vereinbart, diesmal bei einem Neurologen, der eine EEG-Untersuchung durchführte. Und wieder wurde mir gesagt, dass sich nichts Krankhaftes erkennen ließe. Ich solle mit Katharina viel an die frische Luft gehen, ich würde sehen, dass ihr das mit Sicherheit gut bekäme und dass sich eine weitere Untersuchung sich nicht lohne. Katharina sei psychisch instabil und er könne nicht mehr für uns tun. Sollte der Kopfschmerz stärker werden, solle Katharina sich ausruhen. Ich merkte an, dass meine Tochter reichlich an der frischen Luft sei, da wir auf dem Lande lebten und es sich unweigerlich ergäbe, dass sie viel im Garten ist. Doch da hatte der Kinderneurologe seine Ohren schon in eine andere Richtung gelenkt und hörte nicht mehr zu. Wichtig war ihm nur, dass er seinen Überweisungsschein hatte und so durften wir unverrichteter Dinge wieder gehen. Wir fuhren auf den Hof zurück. Und waren erneut mit dem Kummer und den Sorgen allein gelassen. Auch in unserer Umgebung änderte sich nichts, alle glaubten den oberflächlichen Aussagen der Ärzte und versuchten zu beschwichtigen. In der Schule wurde Katharina sogar als Hypochonder abgestempelt.

Unsere Haus-Kinderärztin versuchte die ihr zur Verfügung stehenden Möglichkeiten auszuschöpfen. Jedoch ohne Erfolg, denn die jeweiligen Spezialisten erkannten nichts – trotz moderner Technik – die aber eben leider nicht zum Einsatz kam! Alle verließen sich auf die verheerende Auskunft des Anamnesebogens. Gestützt auf den Suizid des Großvaters nahmen sich die Ärzte dieses – aus meiner Sicht hochmütige – Recht heraus. Ich nenne es Schablonendiagnose. Krankheiten werden einfach aus der Genetik abgeleitet, ungeachtet jedweder Symptome. Wenn man durch diese Hölle gegangen ist, erkennt man im Laufe der Jahre sehr schnell, wessen Aussagen man trauen und glauben kann und wann es besser ist, sich nach einem kompetenteren bzw. aufmerksameren Arzt umzusehen. Ich habe mich immer wieder entschieden weiter zu suchen, um irgendwann den Arzt zu finden, der keine derartigen fachlichen und menschlichen Defizite aufweist. Die Uhr tickte, Katharina's körperliche Verfassung wurde zusehends schlechter und wir marschierten weiter durch den medizinischen Irrgarten. Wir ließen uns beraten und wir warteten. Wir warteten und ließen uns beraten. Katharina ließ alle Untersuchungen über sich ergehen. Wortlos. Geduldig. Mit leeren Augen. Jede dieser Untersuchungen war ein zusätzlicher Stress für sie.

5. Kapitel

Wir sind ewig gelaufen, wir haben viel gesehen,
und niemals blieben wir an einer Stelle lange stehen.

Katharina kam mittlerweile in die dritte Klasse. Unter größter Mühe und mit all ihrer zur Verfügung stehenden Energie hatte sie weiterhin die Schule bewältigt. Wieder wurde für dieses Schuljahr von dieser pädagogisch inkompetenten Lehrerin ein ärztliches Attest für die Sportbefreiung gefordert. Es wurde problemlos ausgestellt. War ja alles ganz einfach im Computerzeitalter. Da musste man nur im gespeicherten Dokument die Jahreszahl ändern, die Taste „Enter" drücken und es ausdrucken. Mit minimalem Arbeitsaufwand konnte man so ein Attest Jahr für Jahr wieder verwenden, ohne dabei großartig nachdenken zu müssen. Wichtig schien einzig und allein: Keiner muss die Verantwortung tragen oder viel dazu sagen, denn Papier ist geduldig und liegt in irgendeiner Schublade, um es zur gegebenen Zeit heraus zu holen. Mit so einem Schriftstück kann sich theoretisch jede Pädagogin und jeder Pädagoge bequem ihrer bzw. seiner Verantwortung entziehen und das eigene Vorgehen rechtfertigen.

In diesem Jahr, 1994, habe ich den Grundstock meines späteren Berufs gelegt, in der aufkeimenden Hoffnung, dass es noch nicht zu spät ist. Diverse Abend- und Wochenendschulungen in Naturheilkunde habe ich besucht und weiter nach der erforderlichen Hilfe für meine Tochter gesucht. Jetzt musste es mir nur noch gelingen, dem Tag einige Stunden zum Lernen abzugewinnen. Meine Tage waren ja so schon ausgefüllt bis in die letzte Minute – jetzt kamen auch noch die Kurse und Schulungen hinzu. Doch das habe ich gemeistert. Während ich mit dem Traktor die Feldarbeit erledigte, hatte ich zumeist ein Buch dabei, legte es auf das Lenkrad und fixierte die Seiten mit einer Wäscheklammer, damit der Wind sie nicht verwehte. Den Traktor stellte ich auf Handgas ein, so fuhr dieser immer die gleiche Geschwindigkeit von ganz allein. Ich fuhr meine Runden um die Felder, egal ob mit Egge, Walze oder zum Heu wenden und keiner hat bemerkt, dass ich dabei lernte und meine Ausbildungen machte.

Auch Kassetten, die mit weiterbildenden Texten besprochen waren, habe ich mir in meinen Walkman eingelegt und bin so über die Felder und Wiesen gefahren. Noch heute entlockt es mir ein Lächeln, weil alle dachten, ich würde Musik hören. Doch ich habe damals nichts verraten, sonst hätte man wieder versucht mich zu belehren und ich wollte nicht, dass mich jemand in meiner Fortbildung störte. So versuchte ich meine medizinischen Wissenslücken zu schließen, um beim nächsten Termin die Ärzte damit zu beglücken. Unglaublich vieles habe ich herausgefunden und mich stundenlang mit Fachbüchern beschäftigt. Gleichzeitig erlernte ich Entspannungstechniken, um diese an meine Tochter weiterzugeben. Sie erleichterten ihr so manches Mal ihr von Schmerzen geplagtes Leben. Auch einen Bachblütenkurs habe ich besucht und nach brauchbaren Mischungen gegen Schulstress gesucht. Auf diesem Wege haben meine Tochter und ich gelernt, mit ihren Beschwerden besser zu leben und die Hürden dieses Lebens zu meistern.

Nun kam mit den Jahren ein weiteres Problem mit Michael hinzu. Er konnte nicht immer leise sein, das versteht sich auch von selbst. Er war ein Kind, er hatte auch ein Recht darauf, dass man ihm Beachtung schenkte, und nicht alle immer nur mit Argusaugen auf Katharina schauten. Und so begann er immer lauter zu reden und schließlich zu schreien, um mir deutlich zu zeigen, dass es ihn auch noch gab. Durch das übermäßige und unkontrollierte Brüllen haben sich mit der Zeit seine Stimmbänder überdehnt und ich kam zu dem Entschluss, dass es mit Michael nicht so weiter gehen konnte. Michaels Stimme hörte sich an, als ob er bereits im Stimmbruch sei, und das konnte doch im Alter von neun Jahren nun wahrlich nicht sein. Ich fuhr mit Michael zum Hausarzt und wir bekamen ein Rezept zur Logopädie. Die Logopädin erkannte die Problematik sehr schnell und nahm die Behandlung richtig in die Hand. Einmal pro Woche musste ich nun mit Michael zur Logopädin fahren, um das mit seiner Stimme wieder in den Griff zu bekommen. Es zeichnete sich schon nach den ersten zehn Sitzungen ab: es wird sich lohnen. Über ein Jahr bin ich dann mit Michael einmal wöchentlich zur Logopädin gefahren und habe zwischendurch mit Katharina weiterhin nach einem urteilssicheren Mediziner gesucht. Ich hätte durchaus meine Mutter oder meine Schwester bitten können, Michael zu diesen Terminen zu bringen, doch ich wollte ihm das Gefühl geben, dass auch er mir sehr wichtig ist und nicht nur Katharina meine mütterliche Zuwendung genießt. So hatte ich dann immer die Möglichkeit, mich mit ihm während der Fahrt zu unterhalten. So manches

Mal sind wir nach den Sitzungen Eis essen gegangen. Die gemeinsamen Stunden taten Michael gut und er betonte oft: „Hoffentlich findest du Mutt (so nennt mich Michael) auch für Katharina den richtigen Doktor, dann geht es uns allen besser und für Dich wird vieles leichter." Michael fand langsam sein inneres Gleichgewicht wieder und wirkte nicht mehr gar so aufbrausend, war nicht mehr so laut. Irgendwann sagte er einmal zu mir: „Du Mutt, es ist schon echt beschissen, wenn man krank ist. Mir hat das geholfen mit der Logopädie, aber das mit Katharina ist wirklich schlimm, wenn ihr keiner helfen kann. Jetzt verstehe ich sie, wie es sein muss, wenn man ständig Schmerzen hat. Sie ist wirklich arm dran." Ich versuchte Michael zu beruhigen und erklärte ihm, dass ich mich weiter umsehen werde, um auch für Katharina den geeigneten Arzt zu finden. Das überzeugte Michael und es motivierte ihn, sich vorbehaltlos für seine Schwester einzusetzen. Von nun an nahm er auch mich oft in seiner kindlichen Art vor den Verwandten in Schutz. Auch wenn ich das eigentlich nicht wollte, weil er ja schließlich ein Kind war, tat es meinem gejagten Herz gut, diese Form von Schutz von meinem Sohn zu erfahren.

Es folgten weitere Besuche mit Katharina bei den verschiedensten Ärzten, die aber auch nur die Diagnosen der vorangegangenen Ärzte benutzten, um sich selbst nicht näher mit dem Fall auseinandersetzen zu müssen. Sie äußerten Bedauern und forderten uns immer wieder auf, ihnen endlich Glauben zu schenken. Doch ich wollte und konnte mich mit den beschwichtigenden Ausflüchten nicht begnügen. Denn jede weitere Diagnose baute auf einer Lüge und Fehldiagnose auf, das war für mich als Mutter inakzeptabel. Vermutlich hätten sich nur sehr wenige Menschen überhaupt getraut, mit dieser Hartnäckigkeit zu kontern und sich gegen so viele Mediziner zu stemmen. Doch ich fühlte die innere Notwendigkeit und musste es tun, weil diese mein Kind so sehr quälten und keiner der visitierten Ärzte uns aufmerksam und offen, frei von Vorverurteilungen hören wollte, was wir erzählten.

Alles wurde nur noch schlimmer, denn schlimmer geht bekanntlich immer. Katharinas Gesundheitszustand verschlechterte sich zusehends und die Kopfschmerzen wurden immer stärker und unerträglicher. So manche Nacht hat sie überhaupt nicht mehr geschlafen und hoffte auf Linderung durch Eisbeutel auf der Stirn. Auch die verschriebenen Schmerzmittel brachten keine Linderung, sondern verschlechterten den Zustand sogar, da sich Katharina ständig übergeben musste. Sie vertrug die starken Medikamente nicht, ihr Magen war mit Sicherheit auch schon übersensibilisiert.

Im April 1995 hatte Katharina einen großen Tag: Ihre Erstkommunion stand ins Haus. Wir stürzten uns in die Vorbereitungen und machten uns viele Gedanken, wie wir dieses Ereignis gestalten könnten. Dann kam auch schon die erste Hürde: Wir fanden kein Kommunionskleid, das Katharina auch nur annähernd gepasst hätte. Alle in den Kaufhäusern angebotenen Kleider hatten die Größen 134-152. Katharina hörte aber bei Kleidergröße 122 auf zu wachsen. Wie so oft gab es wieder Tränen. Schließlich fuhr ich zu meiner Schwester, um nachzufragen, ob sie das Kommunionskleid ihrer Tochter Marina aufgehoben habe und es mir für Katharina geben würde, da in den Läden kein geeignetes zu finden sei. Und wir hatten Glück. Wir bekamen das Kleid und ließen es auf Katharinas Größe ändern. Katharina bekam ihr

Kleid und wir planten die Feier mit den Verwandten und Freunden, die wir so kannten. Es war ein wunderschöner Apriltag mit viel Sonne und Freude, der uns die Sorgen für ein paar Stunden vergessen ließ.

Doch als wir am Spätnachmittag nochmals in die Kirche gehen mussten, wirkte Katharina schon nicht mehr so freudig und glücklich. Das war jedes Mal so: Wenn sie mehrere Stunden keine Möglichkeit gehabt hatte, sich zwischendurch hin zu legen, bekam sie stärkere Kopfschmerzen; Übelkeit kam hinzu und man konnte deutlich merken, wie schwach sie wurde und nur noch Ruhe brauchte. Sehr nachdenklich stand sie in der vorderen Reihe in der Kirche, mit gesenktem Kopf. Ich wusste, dass sie sich quälte bis der Gottesdienst endlich zu Ende war. Doch sie wollte unbedingt auch dabei sein und nicht zuhause allein bleiben. Meine Tante Helga kam auf mich zu und fragte mich: „Was hat denn Katharina nur? Sie ist ganz blass und so nachdenklich, wirkt irgendwie bedrückt." Ich erklärte meiner Tante, dass doch genau das seit langem meine Sorge sei und ich genau spüre, dass mit Katharina etwas nicht stimmte, aber keiner der Mediziner und auch Pädagogen mich ernst nehmen würde.

Gleich nach dem Gottesdienst gingen meine Tante und ich zu Katharina und nahmen ihr die große, für sie zu schwere Kerze ab. Ich nahm sie an die Hand und wir wanderten schweigend heim. Meine Tante versuchte mit Katharina ganz vorsichtig zu reden und irgendwann begann meine Tante zu weinen, da Katharina ihr erklärte, dass ihr der Kopf so sehr schmerzte. „Ja, Geli" sagte Tante Helga zu mir, „gibt es denn keinen Arzt der weiß, was Katharina genau hat?" Ich verneinte und bemühte mich, dass ich nicht mit weinte. Langsam löste sich die

Feierlichkeit auf und die Gäste fuhren nach Hause. Ich zog Katharina aus, wir gingen ins Bad und sie machte sich zum Schlafengehen fertig. Wir verbrachten dann still noch einige Zeit in der Stube, damit der Tag langsam ausklingen konnte. Später habe ich sie zu Bett gebracht und nachgefragt: „Wie hat Dir denn Deine Kommunion gefallen?" Die Antwort, die meine Tochter mir gab, werde ich nie vergessen. Sie sagte: „Ich habe mich gefühlt wie eine Ameise unter vielen Elefanten, und immer noch soll ich für mein mit Schmerz erfülltes Dasein danken." Es stimmte mich sehr traurig und zugleich nachdenklich. Ihr Satz bestärkte mich darin, weiterhin nach brauchbaren Lösungen zu forschen und auf meine innere Stimme zu hören. Nicht aufgeben und weiter kämpfen für Katharinas Leben. Mutterherzen sind Löwenherzen. Das hat Mutter Natur ganz klug eingerichtet.

Am darauf folgenden Tag waren die Sorgen nicht geringer. Meine Schwiegermutter sagte, sie habe die Adresse eines Arztes, der Akupunktur sehr erfolgreich bei Kopfschmerzen einsetzte. Ich bat sie um die Anschrift und rief diesen Arzt, der seine Praxis nicht weit von uns hatte, gleich an. Ich bat um einen Termin. Einige Tage später fuhr ich mit Katharina dorthin. Und wieder ging es um die Anamnese. Er erklärte uns, dass wir die Kosten für die Akupunktur selbst tragen müssten, da die Krankenkasse diese Art von Behandlung nicht bezahlen würde. Wir könnten dennoch aufgrund der Dauer und der Intensität der Kopfschmerzen einen Antrag stellen, um wenigstens einen Teil der anfallenden Kosten erstattet zu bekommen. Uns war einfach nur wichtig, dass die Akupunktur Erfolg haben könnte und wir wollten keine Chance ungenutzt lassen. So einigten wir uns, dass sich Katharina alle zwei bis drei Tage einer Akupunkturbehandlung unterziehen sollte. Anfangs erklärte Katharina mir und der Oma, es ginge ihr besser. Doch dann entdeckte ich, dass Katharina uns nur beruhigen wollte, damit ich mich nicht noch mehr aufregte. So brachte auch diese Behandlung letztlich nur Kosten und nicht die erhoffte Linderung. Wir versuchten es weiterhin mit konservativen Arzneien, dunkelten bei Bedarf das Zimmer ab, kühlten mit Eisbeuteln und versuchten der Übelkeit mit ballaststoffreicher Ernährung und viel frischer Luft beizukommen.

Katharina erzählte mir eines Tages, dass in der Schule jedes Kind den Fahrradführerschein machen dürfe, aber sie könne ja nicht Radfahren. „Mam", sagte sie, „kannst du es mir nicht beibringen? Dann wäre ich wenigstens ein kleines bisschen dabei und hätte sicher auch Spaß." Beim Erlernen des Fahrradfahrens fiel mir mehr als deutlich auf, wie unsicher Katharina war und dass ihr eine gewisse Vorausschau fehlte. Doch unermüdlich übte ich mit ihr bei uns im Hof. Mein Mann fuhr mit dem Auto das kleine Fahrrad zur Schule, wenn Übungsstunden anstanden, bis Katharina für die bevorstehende Prüfung sicher genug war. Ihre Augen strahlten und sie war so glücklich, als sie endlich den Schülerverkehrspass in den Händen hielt. So verging auch das dritte Schuljahr. Wieder schaffte Katharina den Sprung in die nächsthöhere Schulklasse. Sie erarbeitete und erkämpfte sich jeden noch so kleinen schulischen Erfolg, litt aber auch darunter, dass sie sehr wenig mit den Mitschülern verband.

Sie besaß einen unglaublichen Ehrgeiz. Den bewahrte sie sich, egal, wie es ihr ging, wenn auch das vorgegebene Ziel mehr als einmal meilenweit entfernt zu sein schien. Sie wusste, sie ist nicht allein. Alles was kam, nahm sie an, versuchte das Beste daraus zu machen. Nur eines fehlte ihr gänzlich: Das kindliche Lachen, die unbekümmerte fröhliche Kinderzeit. Katharina war immer ernst. Manchmal weinte sie vor sich hin und fragte ihre Cousine Nicole, wie man sich fühlt, wenn einem der Kopf nicht wehtut und man auch mal lustig sein kann. Nicole konnte gar nicht verstehen, wie es ist, mit ständigen Schmerzen zu leben. Dagegen muss es doch ein Mittel geben. Doch Katharina schüttelte nur den Kopf und erklärte, dass alle denken, sie würde simulieren und dass weder Lehrer noch Ärzte sich für ihre Kopfschmerzen interessierten. Als ich dieses Gespräch mitbekam, verschlug es mir die Sprache und mein Herz fühlte sich an, als hätte man es in eine Sardinenbüchse gequetscht.

Mir fiel es immer schwerer, die Situation zu meistern und allem gerecht zu werden. Mein Mann trank zunehmend mehr und ein normales Gespräch war fast garn nicht mehr möglich. Unsere Probleme und Sorgen passten nicht sein Modelld er Welt, er versuchte die Probleme zu ertränken. Er hatte den Selbstmord seines Vaters nie verwunden. Der hatte sich auf dem Dachboden erhängt und mein Mann hatte ihn damals dort gefunden. Oft erzählte er mir davon und davon, wie verdammt hart das für ihn war. Ich versuchte ihn soweit wie möglich von den Unannehmlichkeiten zu verschonen, damit er nicht noch mehr trinkt. Doch meine Rücksichtnahme war umsonst und ganz ohne Wirkung. Schließlich fuhr Schorsch betrunken Auto, wurde erwischt und verlor seinen Führerschein für 14 Monate. Da begann er erstmals, über sein Modell der Welt nachzudenken. Mir hingegen rann so schon die Zeit durch die Finger und nun musste ich ihn auch noch morgens zur Arbeit fahren und am Abend wieder abholen. Wir baten dann auch einen Arbeitskollegen, Schorsch mitzunehmen.

Fünf Monate ging das gut, dann eröffnete mir mein Mann so ganz nebenbei, dass er nicht einsehe, entweder auf mich zu warten bis ich ihn abholte oder ihn sein Arbeitskollege endlich nach Hause fuhr, das nerve ihn nur. Und eh ich mich versah, hatte Schorsch seine Arbeitsstelle gekündigt und sich entschlossen, die Landwirtschaft im Haupterwerb zu führen. Das war ja grundsätzlich keine schlechte Idee, aber ohne Führerschein? Seine Entscheidung hatte allerdings auch den Vorteil, dass Schorsch jetzt wirklich mit seiner kranken Tochter konfrontiert wurde. Er konnte ihr nicht mehr ausweichen, indem er morgens in seine Arbeit fuhr oder abends in die Wirtschaft.

Schorsch erledigte die Arbeiten am Hof und ich fuhr mit dem Traktor auf die Felder. Wenn es Katharina besonders schlecht ging, brachte ich den Traktor auf das zu bewirtschaftende Feld, mein Mann kam mit dem Fahrrad nach und ich fuhr mit dem Fahrrad wieder zu Katharina heim. So konnte Schorsch auch ohne Führerschein die anstehende Feldarbeit erledigen und wenn er fertig war, fuhr ich mit dem Fahrrad wieder aufs Feld, wir wechselten unsere fahrbaren Untersätze und fuhren wir wieder heim. Nun war ich ständig beschäftigt mit hin- und herfahren. Eines Tages wollte ich dieses Theater nicht mehr und suchte nach einer brauchbaren Lösung. Dann kam mir der Gedanke, den Richter anzuschreiben, der Schorsch den Führerschein entzogen hatte.

Gedacht – getan! Ich setzte mich in die Küche, schrieb einen ausführlichen Brief und erklärte ihm die für mich katastrophale sowie aussichtslose Situation. Nichts habe ich ausgelassen, weder das Leiden von Katharina noch, dass ich das so nicht mehr alleine schaffe, ständig meinem Mann den Traktor aufs Feld zu bringen, um dann mit dem Fahrrad wieder nach Hause zu fahren und das vier bis fünf Mal am Tag. Ich bat ihn, doch meinem Mann wenigstens eine Ausnahmegenehmigung für den Führerschein fürs Traktorfahren zu geben, es wäre eine Hilfe und Erleichterung für mein Leben. Wir müssen ja mit dem Einkommen aus der Landwirtschaft leben, denn dieser Verdienst war unsere Existenzgrundlage, und so konnte das nicht weiter gehen. Ich selbst konnte ja auch keine Arbeitsstelle woanders antreten, da Katharina mich so dringend brauche und mein Mann sie ohne Führerschein zu keinem Arzt bringen könne, wenn es Probleme gäbe.

Ich dachte nur, schlimmer als ein Nein des Richters, konnte es nicht kommen und warf den Brief sofort in den Briefkasten, bevor mich der Mut verließ. Meinem Mann habe ich erst am Abend erzählt, was ich getan hatte und er schaute mich ganz entgeistert an, so als sei ich nicht ganz bei Sinnen. Doch ich dachte, entweder dreht sich der Wind oder der Sturm beginnt. Und so wartete ich auf die Antwort, denn auf jede Aktion gibt es bekanntlich eine Reaktion, und für jede Regel gibt es eine Ausnahme. Zehn Tage dauerte es nur, dann kam vom Amtsgericht ein Brief, in dem mir der Richter mitteilte: Ihr Mann kann den Führerschein befristet auf die Zugmaschine mit den dazugehörigen Gerätschaften beim zuständigen Landratsamt abholen, dürfe damit aber nur zu seinen eigenen Feldern fahren. Gleich habe ich an den Richter zurück geschrieben und mich bedankt und bis heute habe ich ihm das nicht vergessen.

So manches Mal bekommt man Hilfe, mit der man nie gerechnet hätte und dafür bin ich in der Tiefe meiner Seele dankbar. Zu Schorsch sagte ich: „Wir müssen zum Landratsamt fahren, um Deinen Führerschein für den Traktor zu holen.“ Daraufhin fragte er mich, ob ich richtig ticke. Ich zog den Brief aus der Tasche und zeigte ihm die Antwort des Richters. Zum ersten Mal seit langer Zeit erlebte ich meinen Schorsch sprachlos vor Erstaunen. Er fragte mich, wie ich das alles nur mache und dabei immer noch lache. Gemeinsam fuhren wir zum Landratsamt und holten seinen Traktorführerschein ab. Diese eine Sorge war ich los und fühlte mich schon etwas freier, hatte wieder mehr Zeit für die Kinder und den Haushalt. Jetzt dauerte es nur noch ein halbes Jahr und Schorsch würde dann auch seinen unbefristeten Autoführerschein wieder bekommen, also sah ich positiv nach vorne.

Hatte ich ein Ziel, so fand ich automatisch den Weg. Wenn ich mein Augenmerk auf dieses Ziel richtete, so war es für mich eine Zeit lang leichter durchzuhalten und ich fand ein bisschen mehr innere Ruhe. Nach Monaten bekam Schorsch auch seinen normalen Autoführerschein endlich wieder zurück, wir konnten nun wieder unabhängig voneinander fahren und ich musste ihn nicht zum Arzt, Zahnarzt oder sonst wohin fahren. Ich hoffte inständig, dass er, zumindest wenn er mit dem Auto unterwegs war, nicht mehr trinkt. Daran hat er sich dann auch gehalten, denn seinen Führerschein und die damit innerlich erlebte Freiheit waren ihm wichtig. Unser Familienleben entspannte sich etwas und zwischendurch hatten wir dann doch immer auch mal etwas Spaß. Natürlich begleitete mich die Sorge um Katharina Tag für Tag, ich konnte mich nicht damit abfinden meine Tochter, so wie es die ärztliche Ignoranz vorsah, einfach leiden zu lassen, doch ich versuchte es mir nicht zu sehr anmerken zu lassen. Dass mir keiner glaubte, wusste ich ja schon. Ich fühlte mich von allen, auch von Gott und der restlichen Welt, im Stich gelassen, suchte aber weiterhin verzweifelt Möglichkeiten für Katharina, um ihr das Leben zu erleichtern.

Ich meldete mich für einen Kurs mit dem Schwerpunkt Biochemie an und machte mich mit den Schüssler-Salzen vertraut. Ich wollte lernen, welche Salze der Körper braucht, um sie bei bestimmten Beschwerden erfolgreich einzusetzen. Vielleicht, so dachte das Mutterherz in mir, war es möglich Katharina mit diesen Salzen bei einem eventuellen Defizit einen Ausgleich zu verschaffen. Immer wieder war ich erschöpft, denn es war sehr mühselig, in Hof und Haushalt zu arbeiten und zugleich die Energie zur Weiterbildung aufzubringen. Aus heutiger Sicht würde ich es Schadensbegrenzung für Katharina nennen, denn geholfen hat im Endeffekt nichts, nur diverse Begleiterscheinungen konnte man mehr oder weniger lindern.

War ich auf Fortbildungen, rief ich mittags zuhause an, um mich nach Katharina zu erkundigen. Auf Stefan konnte man sich am besten verlassen, wenn er auf Katharina aufpasste. Stefan war auch der Ältere, hatte die nötige Sensibilität und konnte sehr genau erkennen, wie es Katharina ging. Auch Katharina konnte sich auf Stefan verlassen, er war ruhig und besonnen, da fühlte sie sich gut aufgehoben. Michael war ja viel jünger und hätte diese Verantwortung gar nicht übernehmen können. Schorsch war mit der Landwirtschaft beschäftigt, da Tiere bekanntlich ein Wochenende nicht kennen und versorgt werden müssen. Die Zeit zog sich wie zäher Kaugummi in die Länge, Katharina hatte noch immer keine klare

Diagnose und keine Therapie. Mittlerweile gingen auch meine Kräfte oft zur Neige und ich wünschte mir nur, dass ich ja nicht krank wurde durch den ganzen Stress. Um einen Zusammenbruch zu vermeiden, stopfte ich mich mit Vitaminen voll und versuchte mich mit Entspannungstechniken zu entlasten und zu regenierieren.

Eines Tages rief mich meine Schwiegermutter an und erzählte mir, dass sie einen Termin für sich bei einem sehr guten und bekannten Heilpraktiker hätte. Sie würde ihn Katharina bei dieser Gelegenheit auch gerne vorstellen. Katharina wollte nicht mit der Oma zu diesem Heilpraktiker fahren, denn sie wisse genau, dass die Oma dem das nicht so erklären konnte und auch nicht verstand, wie es ihr ging. Sie wollte da einfach nicht hin. Oma hatte ihr schon oft von dem Heilpraktiker erzählt, wie er verschiedene Teesorten verordnete, um die Menschen damit gesund zu machen. Ich bat Katharina mit der Oma doch dorthin zu fahren, denn auch die Oma schien jetzt mal nachzudenken und vielleicht könnte man von diesem Heilpraktiker etwas erfahren, was wir noch nicht wussten.

Widerwillig fuhr Katharina mit. Als meine Schwiegermutter sie dann zurück brachte und mir die Diagnose dieses Heilpraktikers erzählte, konnte ich nur den Kopf schütteln. Ich fragte mich, ob dieser Mensch überhaupt eine Ahnung von so einem schwerwiegenden Fall hatte oder nur dummes Geschwätz zu Tage brachte. Er diagnostizierte, Katharina habe irgendwann einmal einen schweren seelischen Schock erlitten, von dem sie sich nicht erholte. Auch die Nieren schienen in seinen Augen nicht richtig zu arbeiten und er verordnete ihr Blasen- und Nierentee. Ich konnte es nicht glauben, wie sollte denn ein Blasen- und Nierentee einen Nierenschaden beheben und gleichzeitig ein traumatisches Erlebnis, von dem keiner von uns etwas wusste? Ich gab meiner Schwiegermutter zu verstehen, dass ich für derartige Verfahrensweisen kein Verständnis aufbringen konnte.

In mir stieg mehr und mehr Bitterkeit auf und mir wurde immer noch deutlicher bewusst: Ich hatte genug von den Medizinern, Heilpraktikern sowie den Naturheilkundlern, die nicht gewissenhaft ihrer Berufung folgten. Und erinnerte mich an ein Zitat von Henry Fielding, der einmal sagte: „Man sollte niemals zu einem Arzt gehen, ohne zu wissen, was dessen Lieblingsdiagnose ist. Die meisten sind in ihrer Diagnosestellung so festgefahren, dass sich weitere Bemühungen im Sinne des Patienten gar nicht erst ergeben."

6. Kapitel

Man konnte es mehr als deutlich sehen,
doch: die verantwortlichen Mediziner und Pädagogen
wollten *es nicht verstehen.*

Katharina war nun bereits in der vierten Klasse. Wie die Jahre zuvor hatte man für ihre Beschwerden kein offenes Ohr. Stattdessen wurde erneut das übliche ärztliche Attest gefordert, um die Befreiung vom Schulsport zu ermöglichen. Erneut wurde es wieder ohne Nachdenken ausgestellt, so hatte auch diese Lehrerin ein Schriftstück, mit dem sie ihre Verantwortung abgeben konnte und sich im Schutz der Bürokratie auf der sicheren Seite wähnte. Irgendwie kamen mir diese Menschen, ob nun Ärzte oder Lehrer, so vor, wie die drei Affen, die nichts sehen, nichts hören und nichts sagen wollten. Sie brauchen einfach nichts zu tun, nicht weinen oder lachen und sich auch keine Gedanken machen. In meinem Empfinden war es so, dass sie für dieses Leben ohne Mitgefühl auch noch belohnt, indem sie bezahlt werden. Natürlich ist es gut, dass nicht alle Ärzte und Lehrer mit den Kindern so umgehen, doch ich habe lange Zeit nur solche getroffen.

Im Sommer 1996 verlor Katharina noch mehr an Gewicht und hatte inzwischen erhebliches Untergewicht. Wieder gingen wir zur Haus-Kinderärztin. Diesmal entschied man sich für eine Kur mit Luftveränderung. Der Antrag bei der zuständigen Krankenkasse wurde sofort bewilligt. Wie waren voller Zuversicht und guten Mutes. Mein Mann fuhr uns in den abgelegenen Kurort. Ihm wurde das ganze Prozedere wieder spürbar zu viel und so fuhr er nach dem Ausladen des Gepäcks gleich wieder auf den Hof. Als Begleitperson verbrachte ich mit Katharina vier Kurwochen im Bayrischen Wald. Wenn ich heute daran zurückdenke, war diese Zeit katastrophal für uns beide. In der Kureinrichtung wurde ein Behandlungsplan zusammengestellt, dem meine Tochter überhaupt nicht gewachsen war. Bei den Turn- und Gymnastikübungen bekam sie Kopfschmerzen und musste abbrechen. So wurden Spaziergänge empfohlen, die ich mit ihr machen sollte. Ich ging mit Katharina in den wunderschönen Wäldern spazieren, aber auf dem Rückweg sackte sie jedes Mal in sich zusammen und konnte vor Schwäche und Kopfschmerzen nicht mehr allein weiter gehen. Ich packte sie auf meinen Rücken und trug sie ins Kurhaus zurück. Auch das Schwimmbad konnte Katharina nur bedingt nutzen, denn die meiste Zeit lag sie im Bett, die Vorhänge zugezogen und wartete, bis die Kopfschmerzen nachließen. Appetit hatte sie keinen, sie aß nur kleine Mahlzeiten, die sie dann wieder erbrach. Die Kur glich einem Horrortrip. Nichts wollte glücken.

Die Kurärzte hatten so einen Fall noch nie gehabt und gaben die ganze Verantwortung an mich ab. Ich würde meine Tochter doch am besten kennen und solle mit ihr nur das unternehmen, was ihr gut täte. Mit solchen Worten wurden wir abgespeist. Nun war ich aber Hunderte von Kilometern von zu Hause entfernt, und das nicht einmal gerne, sondern in der vagen Hoffnung, dass uns hier geholfen werde. Doch ein so schwerer Fall wurde einfach ignoriert, schien hier nicht zu zählen. Ich empfand diese Kur als Höllentrip, weil wir von den Ärzten und dem Fachpersonal nur am Rande wahr- und ernstgenommen wurden, uns abschob und alleine ließ mit Katharina's Zustand. Wir passten nicht ins Kurschema! Erschwerend kam hinzu, dass es dort keine Einkaufsmöglichkeiten gab. Leider lag die Rehaklinik weit außerhalb des Ortes und wir hatten keinen fahrbaren Untersatz. Also blieb mir nichts anderes übrig, als wegen jeder Kleinigkeit ins entfernte Dorf zu laufen. Ich war ständig in Hetze, um für Katharina den Aufenthalt so angenehm wie möglich zu gestalten.

Dann wurde von der Kureinrichtung ein Ausflug zu einer Burg geplant, der eine Stunde Busfahrt bedeutete. Der Arzt legte mir nahe, ich solle doch mit Katharina an diesem Ausflug teilnehmen, es würde ihr gut tun und etwas Ablenkung bringen. Ich besprach es mit Katharina und sie meinte, dass wir es versuchen könnten.

Der Bus war noch keinen Kilometer gefahren, als Katharina sich erbrach. Zum Glück hatte ich aufgrund der bisherigen Erfahrung frische Kleidung dabei. Ich zog Katharina um, dann wurde sie ganz stumm, starrte aus dem Fenster und fragte mich immer wieder, wann wir denn endlich ankämen. Sie habe fürchterliche Kopfschmerzen, wolle ihre Ruhe haben und die Hitze in dem schlecht belüfteten Bus würde ihr auch nicht gut tun. Als wir endlich angekommen waren, stürmten die anderen Kinder mit ihren Müttern aus dem Bus. Wir stiegen als letzte aus, keinen kümmerte es, wie es Katharina ging, jeder wollte der Erste sein. Wir warteten geduldig, bis der Trubel sich gelegt hatte.

Ich hob Katharina aus dem Sitz, mittlerweile war sie völlig durchgeschwitzt und ganz blass. Wieder zog ich sie um, während sich die fröhliche Truppe in Richtung Burg bewegte. Nach einer halben Stunde ging es Katharina etwas besser. Ich bot ihr an, sie auf die Burg hinauf zu tragen, damit sie die schöne Gegend von oben betrachten könne – wie die anderen Kinder auch. Katharina freute sich und ich nahm sie auf meinen Rücken. Völlig außer Atem kam ich mit ihr oben an, setzte sie ab und genoss mit ihr die Aussicht. Es hatte sich gelohnt, denn Katharina war froh bei den anderen Kindern zu sein. Sie fühlte sich nicht mehr so traurig und allein. Später packte ich meine Tochter wieder auf den Rücken und trug sie hinunter. Jetzt hieß es mit dem Bus zurückfahren und ich ahnte schon, wie das ausgehen würde. Ich gab ihr ein Stück Traubenzucker, holte aus meinen Rucksack ein gebrauchtes T-Shirt heraus, befeuchtete es mit Mineralwasser und legte es ihr auf die Stirn, um das Unwohlsein und die Kopfschmerzen ein wenig in den Griff zu bekommen. Doch auch das half nur bedingt. Als wir das Kurheim endlich erreicht hatten, war nicht nur Katharina kreidebleich, sondern auch ich hatte die Grenze der Belastbarkeit erreicht. Wir gingen sofort auf unser Zimmer und legten uns ermattet ins Bett. Jede von uns versuchte auf ihre Art, sich zu erholen, und sei es nur durch einen kurzen Schlaf, der uns Erleichterung verschaffen würde.

Diese vier Wochen Kur zogen sich für uns endlos hin, doch abbrechen wollten wir auch nicht, sonst hätten uns die Ärzte zu Hause nur Vorwürfe gemacht und gefragt, was wir nun eigentlich wollten. Letztlich hatte die Kur einfach nichts gebracht und heute weiß ich, sie hätte auch nichts bringen können. Dann endlich kam für uns der Tag der Abreise und mein Mann holte uns wieder ab. Wir waren keinen Schritt vorangekommen. Alles war wie immer. Unverändert. Unverständlich. Unerträglich.

Auf der Fahrt nach Hause ging es Katharina wieder elend. Wir machten so viele Pausen wie möglich und als wir endlich ankamen, vereinbarte ich sofort mit der Kinderärztin einen Termin. Erneut wurde ein Überweisungsschein für die Kinderklinik in der Landeshauptstadt ausgestellt, mit der Bitte, differenzierter auf Katharinas Beschwerden einzugehen. Wieder fuhren wir dort hin, schilderten zum tausendsten Mal Katharinas Symptome und dass sie sich verschlechtert hätten.

Ich bat die Ärztin, doch einmal den Kopf zu röntgen oder eine Kernspintomographie durchzuführen. Vielleicht könne man da erkennen, warum Katharina so oft und so starke Kopfschmerzen hatte. Doch die Ärztin schaute mich nur an und gab mir gefühllos zu verstehen, sie wisse selbst, was zu tun sei, und die gewünschte Aufnahme erübrige sich, weil man diese bei so kleinen Kindern nicht in Erwägung ziehe. Ich solle mich beruhigen, man werde Katharina der Ernährungsberaterin vorstellen und einen individuellen Ernährungsplan entwickeln. Um mich zu besänftigen, bot sie mir an, die linke Hand zu röntgen. Dann könne man anhand der Wachstumsfugen feststellen, wie weit Katharina im Rückstand sei. Meine Einwände, dass wir längst wüssten, dass Katharina nicht im Normbereich liege, und ein erneutes Handröntgen sicherlich kein anderes Ergebnis bringe, blieben ungehört. Und so kam es dann auch.

Die Ernährungsberaterin empfahl schließlich eine Diät, die jegliche Aufnahme von Milch, Butter, Jogurt, Eiern, Weißbrot und Nudeln verbot. Und ich überlegte, was Katharina dann überhaupt noch essen solle, da sie doch bereits weit unter dem Normalgewicht lag. Auch eine Kinderpsychologin sollten wir aufsuchen, um Katharinas Instabilität zu behandeln. Meine Einwände wurden ignoriert, ich wurde sogar belehrt, ich solle gefälligst tun, was man für meine Tochter empfohlen habe und bedenken, dass sie seelisch zart besaitet sei. Mit zwei älteren Brüdern sei es für sie ja auch wirklich nicht leicht. Die neue Diagnose lautete: Katharina leide an kindlicher Migräne, an einer Hypophagie infolge einer Dystrophie sowie an einer Anorexie, die psychisch bedingt sei. Im Klartext hieß das, Katharina leide an einer angeborenen Unterentwicklung infolge einer Fehlernährung sowie am Verlust des Triebs zur Nahrungsaufnahme, der seelische Ursachen habe. Wenn ich nicht seit Jahren medizinische Fachbücher lesen würde, hätte ich nur Bahnhof verstanden, denn ein einfaches, verständliches Deutsch wollen die studierten Spezialisten mit unsereins nicht sprechen, auch nicht im Interesse des Patienten.

Ich fuhr mit Katharina wieder nach Hause und holte aus der Apotheke das verschriebene Mittel, das die verordnete Diät unterstützen sollte. Es hieß Maltodextrin. Ich musste es den Gerichten wie Reis, Kartoffeln und Gemüse beimischen. Mit dieser Anordnung bereitete ich über einen Zeitraum von vier Wochen Katharinas Essen. Dann hatte Katharina endlich Schulferien. Auch ihre Versetzung in die fünfte Klasse war gesichert. Darauf legte meine Tochter besonderen Wert, sie wollte wenigstens schulisch nicht ins Abseits geraten. Wie in den Jahren zuvor, lernte sie dafür über den Tag verteilt in Raten, solange ihre Kraft es zuließ. Zwischen Lernen, Ausruhen und Schlafen versuchte sie die geforderte Leistung zu erbringen. Es kränkte sie schwer, ständig von den Mitschülern gehänselt zu werden, auch ihre Lehrer unternahmen nicht ernsthaft etwas dagegen. Doch ich erklärte ihr immer wieder, dass wahre Größe von innen komme und man geistige Größe nicht an der Körpergröße messen könne.

Die Umstellung der Ernährung brachte uns nicht weiter. Alles half nichts, meine Tochter erbrach sich jetzt noch öfter und ihr Körpergewicht ging weiter zurück. Jede Nacht übergab Katharina sich, ständig war ich am wechseln der Bettwäsche, wusch das Kind, zog es um. Und da soll man sich keine Sorgen machen?

In mir tobte das Mutterherz und auch die unverstandene Neunjährige. Ich empfand es als eine unglaubliche Frechheit, was die Ärzte da ablieferten. Voller Sorge rief ich in der Klinik an, schilderte die Probleme, die die verordnete Diät mit sich brachte und dass ich es so nicht mehr schaffte. Ich traute meine Ohren nicht, was mir darauf geantwortet wurde: Ich müsse *Geduld* haben, hieß es, diese würde mir anscheinend gänzlich fehlen! Man könne den Erfolg nicht nach so kurzer Zeit sehen, das solle ich doch bitte verstehen. Ich hörte mir das geduldig an und fragte in mich hinein: „Warum nur nimmt uns eigentlich keiner ernst? Warum wird meine Tochter so geschunden?“ Ich hatte die Ärzte so satt, ich konnte ihnen nicht mehr vertrauen und nichts mehr glauben. Offensichtlich hielten sich viele von diesen „Göttern in Weiß“ für unfehlbar. Ich erlebte, dass medizinische Sorgfaltspflicht nur Worte auf dem Papier waren und sich kaum einer der Ärzte noch dem hippokratischen Eid verpflichtet fühlte.

Ich blieb misstrauisch gegenüber der verordneten Diat und setzte sie nach einem Monat die Diät eigenmächtig ab und versuchte Katharina stattdessen wieder normal zu ernähren. Doch auch das funktionierte jetzt überhaupt nicht mehr. Was Katharina auch zu sich nahm, erbrach sie und sie wurde täglich schwächer. In meiner Panik fuhr ich in die Apotheke und schilderte unserem erfahrenen Apotheker die Problematik. Dieser empfahl mir Astronautenkost. Damit bekomme Katharina sämtliche Vitamine und Elektrolyte, die sie brauche. Die Astronautenkost gab es in vier verschiedenen Geschmacksrichtungen: Schoko, Banane, Vanille und Erdbeere. Und sie war sehr teuer! Dennoch kaufte ich von diesen Präparaten alle vier Geschmacksrichtungen, um Katharina stärken zu können und ihr Abwechslung zu bieten. Und siehe da: Katharina nahm wieder zu, doch die Kopfschmerzen blieben. Ihr Gewicht haben wir mit der Astronautenkost über einen Zeitraum von einem Jahr sehr langsam in die Höhe treiben können. Katharinas Längenwachstum blieb aber weiterhin gleich, nicht einen Millimeter ist sie in diesem Jahr gewachsen, das machte mir ernste Sorgen. Aber zunächst war es wichtig, dass sie nicht mehr abbaute und dass sie wieder zunahm. Ein erster Erfolg. Jetzt waren wir zumindest wieder da, wo wir vor einem Jahr schon gewesen sind.

Im Laufe der Zeit stellte ich immer öfter fest, dass Katharina mich und andere, die zur Tür hereinkamen, erst sehr spät bemerkte. Das war vor allem dann der Fall, wenn sie mit dem Rücken zur Tür saß und in der Konzentration des Lernens alles um sich herum vergaß. Ich fragte sie, ob sie schlecht sehe. Katharina verneinte, erklärte aber, sie sehe nicht so breit, aber dafür weit. Mit dieser Aussage konnte ich wenig anfangen und meldete Katharina bei einer Augenärztin an, um die Sachlage zu klären. Die Augenärztin machte die üblichen Sehtests und erklärte mir, bei Katharina sei alles in Ordnung. Sie fragte Katharina, ob denn in ihrer Schulklasse Mitschülerinnen eine Brille trügen? Wahrheitsgetreu erzählte meine Tochter, dass einige eine Brille hatten und ich fragte mich, ob es überhaupt eine Klasse *ohne* Schüler mit Brille gäbe. Dann gab mir die Ärztin zu verstehen, dass es oft bei Kindern vorkäme, dass sie – wenn andere eine Brille hätten – selbst auch eine Brille haben wollen. Wichtig sei dann nur noch die Farbe. Also bekamen wir ein Rezept für eine Brille mit Fensterglas, um mit den Mitschülern gleichgestellt zu sein. Ich konnte mich nur fragen: wie soll *das* denn helfen? Ging es hier ums Geschäft oder darum Trostpflaster zu verteilen? Meine Tochter hätte mir schon ungezwungen gesagt, wenn sie sich eine Brille wünschen würde. Ist es die Hauptaufgabe einer Augenärztin Brillen zu verschreiben? Katharina durfte sich die Farbe auszusuchen. Jetzt hatte Katharina eine Brille. Sie brachte ihr überhaupt nichts. Nur die Farbe (Mint) machte ihr Freude. Was tut ein fürsorgliches Mutterherz nicht alles, wenn es selbst nicht weiter weiß, sogar wenn etwas nicht logisch erscheint und nicht nachvollziehbar ist. Stabilisierung der psychischen Anfälligkeit lautete die Begründung.

Nachts schwamm ich weiter in einem Meer von Kummer und hoffte immer nur, irgendwann würde doch noch alles gut. In Momenten, in denen ich weder ein noch aus wusste, versuchte ich zu meditieren, um Ruhe in mein überfülltes Gehirn zu bringen. Und wenn mein Temperament mit mir durchzugehen schien, tanzte ich in der Küche bei lauter Musik von Bob Marley, Brian Adams, Frankie Miller oder Creedence Clearwater meinen Frust bis zur Erschöpfung ab. Irgendwie musste ich ja die Anspannung loswerden, die ständig kreisenden Gedanken vertreiben, mir ein wenig Ruhe verschaffen, um aufs Neue Mut zu schöpfen. So sammelte und rüstete ich mich für den nächsten emotionalen Sturm. Meine Hoffnung lag nach wie vor darin, irgendwann jemanden zu finden, der den gesundheitlichen Zustand meiner Tochter richtig erfasste und das Nötige veranlasste. „Nicht aufgeben, sich erheben." – dieses Motto bestimmte unser Leben.

7. Kapitel

Wer durch die Nacht gegangen ist,
kann einen neuen Morgen erleben.
Wo Schatten ist, ist auch Licht.
Wo Liebe ist, zerbricht man nicht!

Und wieder einmal hatte es Katharina geschafft in die nächsthöhere Schulklasse zu kommen. Es schien, als wolle sie sich mit ihrem Ehrgeiz selbst belohnen. Endlich bekam sie einen verständnisvollen Lehrer, der anders war als seine Vorgänger. Er zeigte Feingefühl für Katharinas Beschwerden und wollte auch kein Attest für die Sportbefreiung. Es half nichts, seine ehrenwerte Kollegin bestand weiterhin darauf, denn immerhin habe Katharina bei *ihr* Sportunterricht. Nun gut, besser kein Sportunterricht, als eine Lehrerin, die sie dann quälte. Also altes Attest, neues Datum. Freifahrtschein für die Sportlehrerin – um nichts sehen, nichts hören und nichts sagen zu müssen. Mit Mitgefühl für ein Kind musste sie sich also nicht plagen. Es war ein Glück, dass Katharina nun einen so netten Lehrer hatte und ich war sehr erleichtert, denn ich wusste genau, wenn etwas sein sollte mit ihr, würde er mich sofort verständigen. Es beruhigte mich in meiner stetigen mütterlichen Sorge.

Inzwischen hatte Stefan seine Lehre begonnen und sein Beruf schien ihm Freude zu machen. Doch eines Tages rief mich sein Berufschullehrer an, ich solle doch bitte in die Sprechstunde kommen, er müsse mit mir reden, denn so könne es mit Stefan nicht weitergehen. Ich konnte mir nicht vorstellen, was er eigentlich von mir wollte. Stefan war immer der ruhigere von den zwei Buben, arbeitete sehr sorgfältig und übergenau. Mir ist zwar aufgefallen, dass Stefan mehr Bier trank, wenn er mit Freunden weg ging und dass er, wenn er getrunken hatte, eine gewisse Aggression gegen alles und jeden richtete; das stimmte mich schon nachdenklich, doch ich dachte, er befinde sich vielleicht in einer schwierigen pubertären Phase.

Ich erschien bei dem Klassenleiter und er erzählte mir, dass Stefan die Berufsschule meist nur vormittags besuche und nach der Mittagspause in der Regel nicht mehr erscheine, dadurch habe er in seinen schriftlichen Leistungen sehr nachgelassen. In letzter Zeit sei es auch vorgekommen, dass er gar nicht kam und auch keine Entschuldigung wegen Krankheit vorlag. Ich konnte es gar nicht glauben und sagte dem Klassenleiter, das könne nicht sein, ich fahre Stefan jede Woche in die Berufsschule, da die Busverbindungen bei uns so ungünstig seien und hole ihn auch wieder ab. Woche für Woche läuft das so. Ich fragte, ob denn Stefan heute da sei, ich habe ihn auch heute um 8.00 Uhr hier direkt an der Schule abgesetzt. Das bestätigte der Klassenleiter, denn Stefan wisse, dass der Lehrer mich angerufen habe und er habe den Termin so gelegt, dass ich ihn nach Schulschluss mitnehmen könne.

Der Lehrer wollte noch wissen, ob Stefan Sorgen oder Liebeskummer habe, ob sonst alles in Ordnung sei und keinerlei Konflikte in der Familie seien. So erzählte ich ihm von den Sorgen, die wir mit unserer Tochter Katharina hatten und merkte an, dass dies für Stefan sehr schwer zu ertragen sei, denn Katharina ist nach mir der wichtigste Mensch in seinem Leben. Stefan hatte eine ganz enge und vertraute Beziehung zu Katharina, reagierte sehr sensibel auf alles, was sie betraf, und versucht eseine Gefühle so gut es geht zu verbergen. Der Lehrer gab mir mit auf den Weg, ich solle Stefans vermehrten Alkoholkonsum versuchen einzuschränken, da er sonst die Gesellenprüfung nicht schaffen könne. Und wenn ich wolle, so könne ich mich auch selbst davon überzeugen. Sofern ich es wünsche, würde er mich sobald das wieder vorkäme, telefonisch benachrichtigen. Die Gaststätte, in der sich Stefan mit seinem Freund Willi betrinkt, sei nicht weit von der Schule entfernt.

Natürlich hatte ich bemerkt, dass Stefan nach Alkohol roch, wenn er ins Auto stieg. Doch wenn ich ihn fragte, ob er in der Schule trinke, so gab er mir zur Antwort, das sei nur nach Schulschluss, ein oder zwei Bier mit den Klassenkameraden. Ich gab dem Lehrer zu verstehen, ich werde mit Stefan reden, bedankte mich für das Gespräch und wartete draußen bis Stefan kam. An seinem Gesicht konnte ich schon von weitem erkennen, wie unbehaglich er sich fühlte. Er stieg ins Auto und wir fuhren los. Erst mal wartete ich, ob er etwas sagen würde. Denn ich kannte ihn gut, wenn ich nicht redete, wusste er genau, dass etwas nicht stimmte. Ganz nervös und verlegen schaute er immer wieder zu mir herüber, so als würde er auf eine Reaktion von mir warten. Doch ich fuhr ohne ein Wort zu sagen Richtung Heimat und mit jedem Kilometer wurde es ihm unangenehmer. Irgendwann fragte er mich, warum ich denn heute gar nichts sagte. Ich warf ihm einen kurzen Blick zu und sagte nur: „Stefan, ich kann Dich nicht Tag und Nacht beaufsichtigen, wenn du denkst, das Trinken würde Dir helfen, Probleme zu lösen, so kann ich Dir nur sagen, mit Alkohol verdrängst du alles noch mehr und nachher ist es doppelt so schwer. Die

Flucht in die Sucht ist kein Weg, den man bei Problemen erfolgreich gehen kann."

Schließlich hielt es ihn nicht länger, er erzählte mir, dass er es nicht ertragen könne Katharina jeden Tag so leiden zu sehen und es soll nichts gegen ihre Schmerzen geben, das könne er nicht nachvollziehen. Er erwähnte auch, wenn er getrunken habe, werde er so richtig aggressiv und sei schon öfters beim Ausgehen handgreiflich geworden. Ihn erdrücken diese Sorgen. Wenn er mich so sieht, wie ich von einem Arzt zum anderen haste und keiner mich und Katharina entlaste, das könne er nicht mehr ertragen. „Es sind jetzt schon so viele Jahre Mam, und irgendwann hat jeder für sich die Grenze erreicht. Denke doch mal nach, wo Du schon überall mit Katharina warst, das gibt's doch nicht, dass niemand den Grund für ihre Schmerzen und ihre viel zu kleine Körpergröße findet."

Ich konnte ihn nur bitten, nicht mehr so viel zu trinken und versicherte ihm, irgendwann würde ich schon einen Mediziner finden, der Katharina helfen kann. Da antwortete er: „Das sagst du schon so viele Jahre und es wird höchste Zeit, dass man was erreicht."

Nun hatte ich noch eine Sorge mehr, zusätzlich zu den Konflikten die sich zu Hause ausweiteten. Mal trank Stefan weniger, mal mehr und ich merkte, wenn die Spannungen für ihn zuviel wurden, trank er um vieles mehr. Ich fühlte mich ohnmächtig und wußte, ich kann es nicht ändern. Immer öfters kam es vor, dass er von der Polizei bei Festlichkeiten oder Feiern abgeholt wurde, weil er sich in seinem betrunkenen Zustand wie Hulk Hogan fühlte und zu schlägern begann. Die Vorfälle häuften sich, mindestens zweimal im Monat rief mitten in der Nacht die Polizei bei uns an, ich könne ihn in einer Ausnüchterungszelle abholen. Alles reden half nichts. Er gelobte zwar jedes Mal, das werde nicht wieder passieren, doch schon bald riefen mich auch seine Freunde an, ich solle Stefan abholen, weil er wieder mal total ausrastete, voll betrunken sei und weder den aufrechten Gang beherrschte, noch der deutschen Grammatik mächtig sei.

Zwar gab es zwischendurch dann durchaus mal Zeiten, in denen er völlig unauffällig war, dann dachte ich, vielleicht hat er es jetzt gerafft und doch noch die Kurve geschafft. Aber das war mehr oder weniger Wunschdenken, Stefan konnte man nicht umlenken. Mit meinem restlichen Durchsetzungsvermögen erreichte ich zumindest, dass er seinen Gesellenbrief schaffte. Immerhin hatte er jetzt eine abgeschlossene Berufsausbildung, konnte bei seinem Lehrbetrieb bleiben und der Rest, so dachte ich, wird sich zur gegebenen Zeit schon finden. Das alles war mordsanstrengend. Ich fühlte mich wie innerlich ausgebrannt und leer. Wenn es mir gefühlsmäßig besonders schlecht ging, ich so richtig in den Seilen hing, fuhr ich mit dem Auto in ein ruhige naturgelassene Gegend, parkte und ging spazieren, um in der Natur wieder Energie zu tanken. Ich brauchte dringend etwas Erholung, da war einfach niemand der mich unterstützte und mir Kraft gab. Meine Ängste und Sorgen wurden immer größer. Die Spaziergänge halfen mir, mein Gleichgewicht wieder herzustellen, um mit mir wieder ins Reine zu kommen und um meine innere Leere aufzufüllen, damit ich weiter machen konnte.

Katharinas Zustand verschlechterte sich zusehends, ihre Beschwerden wurden immer bedrohlicher. Ihr Blick wurde trostlos und leer, sie hatte keine Freude mehr, egal was ich ihr Gutes zu tun versuchte. Unser Familienleben litt erheblich. Es fühlte sich an, als ob man sich in eine viel zu enge Jacke zwängt. Wir kauften ein zweites Bett für Katharina, damit wir nachts bequemer die Bettwäsche wechseln konnten, da sie sich inzwischen mehrmals pro Nacht übergab. Manchmal holte ich Katharina zu mir ins Bett. Sie war völlig entkräftet und klagte über noch mehr Kopfschmerzen.

Ich bat Katharinas Lehrer um einen Gesprächstermin und schilderte die Problematik. Ich war nervlich fertig und an der Grenze der Belastbarkeit. Und so stellte ich meine Bitte in den Vordergrund, er möge doch auf die Beschwerden von Katharina eingehen, um es ihr leichter zu machen. Ich sei mir sicher, bald einen kompetenten Arzt für Katharina zu finden. Ich erzählte ihm, dass Katharina Kontakte zu gleichaltrigen Kindern sehr vermisse, aber so gut wie keine Freundschaften pflegen könne, da sie sich ja zwischen den Hausaufgaben immer hinlegen müsse. Nur ihre Cousine Nicole kam von Zeit zu Zeit zu Besuch und fragte Katharina so nebenbei: „Katharina, tut Dir Dein Kopf immer noch so weh? Ich kann mir gar nicht vorstellen mit so starken Kopfschmerzen zu leben und mich nachts andauernd zu übergeben. Da kann man ja nie richtig durchschlafen. Das macht Dir sicher zu schaffen." Der Lehrer war verständnisvoll und beteuerte mir, er werde sein besonderes Augenmerk auf Katharina richten, und wenn es ihr sehr schlecht im Unterricht gehe, werde er mich sofort verständigen, damit ich meine Tochter abholen könne. Er sei froh, dass er von dieser Problematik wisse. Auch bei den Schulaufgaben war er mehr als nachsichtig. Er ließ Katharina die Proben oft nachschreiben, wenn es ihr besser ging, so verlor Katharina nicht den ihr so wichtigen Anschluss, was die Versetzung hätte gefährden können. Jetzt hatte meine Tochter endlich einen verständnisvollen Lehrer, der sich bemühte, ihr half, wo es nur ging, auch wenn der Gesundheitszustand sich weiterhin verschlechterte und die Ärzte das Kind weiterhin quälten. Kein einziger Arzt nahm die Symptome ernst genug, um maßgebliche und notwendige Schritte ein zu leiten.

Seit langer Zeit wünschte sich Katharina einen kleinen Hund. Aber mein Mann wollte keinen Hund am Hof, da wir kein Gartentor hatten und er meinte, mit den landwirtschaftlichen Maschinen sei das viel zu gefährlich für das Tier. Von Woche zu Woche studierte Katharina immer wieder die Anzeigen im regionalen Tagesblatt. Jede Woche erzählte sie mir von den angebotenen kleinen Hunden, die inseriert wurden. Ich musste ihr immer auf Neue erklären, dass ihr Vater keinen Hund am Hof wolle, es reichen die zwei Katzen, auch würden sich Hunde und Katzen nach seiner Meinung sowieso nicht vertragen. Katharina wurde trauriger und trauriger. Wenn ich versuchte, mit ihr darüber zu sprechen, erklärte sie mir: „Ich bin doch nur vormittags in der Schule und am Nachmittag könnte ich mit einem kleinen Hund spazieren gehen, ich glaube, da würde es mir besser gehen. Auch wäre ich nicht so alleine, da ich doch mit den anderen Kindern nicht mitspielen kann. Weil ich so Kopfschmerzen habe, wäre es gewiss schön mit so einem kleinen Hund Gassi zu gehen.“ So vergingen einige Wochen.

An einem Samstag zeigte mir Katarina dann wieder eine Anzeige: „Mam, schau, da steht genau der Hund, der sicher zu mir passt. Da steht in der Anzeige, stubenreine Dackeldame zu vergeben. Bitte Mam, da rufen wir doch einfach mal an, um zu wissen, ob die Dackeldame noch zu haben ist." Ich sagte Katharina, da müsse ich erst mit ihrem Pa reden, da er doch keinen Hund will. So ging ich in die Werkstatt, in der mein Mann gerade beschäftigt war und bat ihn, doch nachzugeben und mir zu erlauben, dass ich dort anrufe und mich nach dieser Dackeldame erkundige. Mein Mann war ärgerlich, reagierte mürrisch und betonte, dass es unmöglich wäre, einer Frau etwas auszureden, man könne es im günstigsten Falle nur aufschieben, aber verhindern – wie es sich jetzt zeigt – auf keinen Fall. „Macht, was Ihr wollt, ich weiß nur, dass ich mich um den Hund nicht kümmern werde und wenn er in die Wohnung macht, so ist das Eure Sache."

Sofort bin ich in die Küche zu Katharina und erzählte ihr, dass wir anrufen könnten, doch ihr Pa wird sich auf keinen Fall um den Hund kümmern, das müssen wir dann machen, das sei ganz allein unsere Sache. Katharina freute sich riesig und sagte: „Mam, ruf doch gleich dort an und frage, ob der Hund noch zu haben ist!" Ich wählte die angegebene Telefonnummer, eine Frau ging an den Apparat. Ich erkundigte mich nach der stubenreinen Dackeldame und ob sie diese noch hätte. „Ja", sagte die Frau „mein Mann und ich trennen uns und keiner hat die Möglichkeit den Hund zu sich zu nehmen. Aus diesem Grund ist er abzugeben." Ich fragte sie nach der Adresse, um den kleinen Hund anzuschauen, da sagte die Frau: „Nein, das möchte ich nicht, ich komme mit dem Hund zu Ihnen, denn ich möchte mich vergewissern, dass Hexi an einen guten Platz kommt." Das hat mir sehr gefallen, dass sich die Frau Gedanken macht, ob es ihrem Hund gut gehen würde. Wir vereinbarten, dass sie noch am Nachmittag zu uns kommt. Sie hatte zwar eine Stunde

Autofahrt vor sich, aber sie wollte unbedingt noch an diesem Tag kommen. Katharina hatte das Gespräch mitgehört. Sie war vor Freude völlig aus dem Häuschen, denn sie wisse ganz genau, dieser kleine Hund passe zu ihr und er habe Spaß daran, wenn sie ihn spazieren führte.

Ich machte mit meiner Arbeit in der Küche weiter. Katharina holte sich einen Malblock und begann eifrig den kleinen Hund zu zeichnen. Als das Bild fertig war, zeigte Katharina es mir und sagte: „Schau, Mam, so sieht die Dackeldame aus." Ich war erstaunt: „Katharina, Du weißt doch gar nicht, ob die Hexi schwarz ist. Die Dackel sind doch meistens braun und haben auch kurzes Haar und nicht wie auf Deinem Bild langes Haar." Es war ein sehr schönes Bild, Katharina hatte den Hund schwarz gemalt mit hochstehendem Schwanz, mit langen Haaren und mit einem roten Halsband an dem ein kleines rotes Herz befestigt war. Ich sagte Katharina, sie solle doch erst abwarten und es sei auch nicht wichtig, wie der kleine Hund aussah. Wichtig sei nur, dass er lieb ist, dass sie Freude mit ihm hat und sich nicht mehr so alleine fühlt.

Pünktlich zur vereinbarten Zeit, hörte ich ein Auto, das am Gartenzaun bei uns parkte. Ich ging hinaus. Eine dunkelhaarige Frau stieg aus und fragte mich, ob sie hier richtig sei mit ihrer Hexi. Ich hatte kaum Ja gesagt, da nahm sie schon eine Leine, öffnete die hintere Autotür und holte den kleinen Hund heraus. „Wissen Sie, ich muss Hexi anleinen, denn hier kennt sie sich nicht aus." Als ich Hexi erblickte, konnte ich es erst gar nicht glauben: Sie sah exakt so aus, wie Katharina sie Stunden zuvor gemalt hatte, sogar das rote Halsband mit dem kleinen Herzchen hatte sie am Hals befestigt. Ich war überwältigt und verblüfft, woher konnte sie das wissen? In der

Zeitung stand einfach nur: Stubenreine Dackeldame zu vergeben! Schon kam Katharina heraus gelaufen und rief: „Siehst du Mam, ich habe genau gewusst, wie Hexi aussehen wird." Die Frau sah uns nur an und wusste überhaupt nicht, wovon wir sprachen. Hexi zog sogleich an der langen Leine und lief auf Katharina zu. Sie wedelte mit dem Schwanz, als spürte sie, dass das ihr künftiges Frauchen sein wird. Gemeinsam gingen wir in unsere Küche und besprachen mit der Frau, ob Hexi geimpft und gesund sei. Dann wollte ich wissen, wie viel der Hund koste, aber die Frau schüttelte den Kopf, sie wolle nur, dass Hexi einen guten Platz bekomme und dass Katharina mit Hexi Freude habe. Das sei ihr viel wichtiger. Ich bat sie, wenigstens hundert Mark zu nehmen, damit das Benzin bezahlt sei und es wäre sowieso sehr nett von ihr gewesen, die Hexi zu uns bringen.

Katharina hatte nun den ersehnten kleinen Hund und strahlte über das ganze Gesicht. Wenn es möglich war, blieb Hexi ständig an ihrer Seite. Nach kurzer Zeit wusste die kleine Dackeldame genau, wann Katharina von der Schule kam und erwartete sie jeden Tag mit wedelndem Schwanz. Mit Hexi sprach Katharina wie mit einem Menschen und Hexi drehte dabei den Kopf, so als ob sie es verstünde. Wenn Katharina Kopfschmerzen plagten, legte Hexi sich ganz nah zu Katharina und wenn sie Gassi gingen, sprang Hexi vergnügt umher. Katharina meinte, Hexi erfasse und verstehe viel mehr, als so mancher Mensch, auch wenn man es nicht erkennt: „Ich spüre, dass Hexi merkt, wie es mir geht, auch wenn sie meine Worte nicht wie ein Mensch versteht." Ihr erzählte sie von ihren Sorgen und von den fürchterlichen Kopfschmerzen und oft hatte man wirklich das Gefühl, Hexi würde sie verstehen. Sie legte auch oft ihren Kopf auf Katharinas Schoß, als wolle sie ihr das Gefühl von Wärme und Zuversicht geben. Katharina betonte, Hexi wisse genau, wie sie das alles erlebe und sie sei ihr ein treuer Begleiter, dem es nichts ausmache, dass sie so klein sei und viel weine.

Dann kam der Tag, der alles veränderte. Katharina hatte sich wie so oft, in der Nacht dreimal übergeben müssen. Der Notarzt wurde gerufen. Er gab Katharina eine schmerzstillende Spritze, die allerdings nicht wirkte. Stattdessen bekam sie Schüttelfrost und erbrach sie immer weiter. Was musste unser Kind noch alles aushalten?

Katharina konnte an diesem Tag im März 1998 nicht zur Schule gehen. Sie war blass, hatte weiterhin Schüttelfrost und Kopfschmerzen, die sich mit nichts bekämpfen ließen. Ich fuhr ohne Termin zur Kinderärztin. Ich erklärte ihr, dass es so nicht mehr weitergehe. Sie möge Katharina Blut abnehmen und schauen, wie hoch der Wachstumswert liege. Das wurde nämlich über die Jahre versäumt und ich habe in einem Fachbuch gelesen, bei Kleinwüchsigkeit müsse man genau nach diesem speziellen Wert sehen. Die Ärztin meinte, das sei an diesem Tag nicht mehr möglich, denn Katharina müsse frühmorgens nüchtern kommen. Also vereinbarte ich einen Termin für den übernächsten Tag, da erst dann wieder Blutuntersuchungen gemacht wurden.

Die Ärztin klärte mich noch auf, dass eine derartig aufwendige Untersuchung von der Krankenkasse nicht bezahlt werde und wir die Blutuntersuchung selbst finanzieren müssten. Ich fragte, was das denn koste und bei der Auskunft wurde mir schlecht, denn schon die Astronautenkost hatte sich damals auf mittlerweile mehr als 20.000 DM belaufen. Die von mir geforderte Blutuntersuchung kostete etwa 1.500 DM. Ob ich es mir noch einmal überlegen wolle, mit meinem Mann solle ich es besprechen und sie dann anrufen und Bescheid geben, wenn wir sicher seien, diese Kosten auf uns zu nehmen. Ich erwiderte, das mit den Kosten solle sie nicht belasten. Ich würde auch das noch schaffen. Sie solle Katharina in ihren Terminplan einschreiben, wir würden pünktlich in der Praxis erscheinen. Ich fand es unglaublich, dass so grundlegende und bedeutende Untersuchungen nicht von der Krankenkasse übernommen wurden. Wie viele Menschen können es sich dadurch nicht leisten, eine angemessene Behandlung für ihre Krankheiten zu bekommen?

Immerhin war es eine Chance für Katharina. Kein Betrag wäre mir zu hoch gewesen, um meiner Tochter zu helfen, denn ich hatte das Gefühl, diese Untersuchung würde alles in eine positive Richtung wenden. Im Auto fragte mich Katharina dann: „Mam, haben wir so viel Geld für diese Blutuntersuchung?" Wenn nicht, würde sie mir ihre Spardose geben, dann könnten wir das bezahlen und vielleicht fände man dann heraus, was ihr fehlte. Ich beruhigte sie und sagte ihr, ich würde das mit Pa klären, sie brauche sich um das Geld keine Gedanken machen. Wichtig sei nur, dass ihr geholfen werde und dass wir fest daran glaubten und nicht verzagen dürften.

Zwischenzeitlich waren wir durch die Anschaffungen für Katharina schon sehr in die roten Zahlen geraten, doch mich hielt auch dies nicht auf. Ich pochte auf diese aussagekräftige Blutuntersuchung und wenn sie alles Geld verschlingen sollte, das ich besaß. Denn was nützte alles Geld dieser Welt, wenn ich mein Kind womöglich verlöre. Zum Glück bestärkte mein Mann mich, die Blutuntersuchung durchführen zu lassen, doch er machte auch keinen Hehl daraus, dass er sich wenig davon versprach, weil doch bisher alles nichts gebracht hatte und so oft schon Blut abgenommen worden war. Ich erklärte ihm, dass diesmal eine spezielle Diagnostik stattfinden sollte, die den Wert der Wachstumshormone preisgab. Ich fuhr mit Katharina zum besprochenen Termin. Es dauerte keine fünf Minuten, dann wurden wir auch schon wieder entlassen. Das Labor brauche eine Woche für die Auswertung und die Rechnung würde uns per Post zugehen.

Eine Woche verging, die Rechnung war bereits da, doch immer noch kein Ergebnis. Ich wartete noch einige Tage und rief dann im Labor an, um das Ergebnis zu erfragen. Dort sagte man mir, dass es bereits nach einer Woche an die zuständige Kinderärztin geschickt worden sei und ich solle doch dort einmal nachfragen. Kaum hatte ich aufgelegt, wählte ich die Nummer der Ärztin. Eine Sprechstundenhilfe nahm den Hörer ab. Ich fragte höflich, ob denn die Blutwerte, die über das Wachstumshormon Aufschluss gaben, schon da seien. „Ja, ja", sagte die Sprechstundenhilfe, „die sind schon da, ich gebe ihnen einen Termin für die kommende Woche". „Nein, auf keinen Fall!" sagte ich daraufhin ziemlich erbost. Warum ich nicht verständigt worden sei. Es gehe ja nicht um irgendeine eine Lappalie. Ich würde sofort losfahren, ob mit oder ohne Termin und ich würde auch mit der Ärztin sprechen wollen. Ich legte einfach den Hörer auf, zog mich an und fuhr los, denn ich hatte ja immerhin über eine Stunde Fahrzeit. Das Untersuchungsergebnis war sehr wichtig. Mehr wollte ich nicht, aber auch nicht weniger.

Ziemlich aufgebracht kam ich in der Praxis an und beschwerte mich, weil man mich nicht in Kenntnis gesetzt hatte, da das Ergebnis schon seit Tagen vorlag. Weitaus schlimmer war jedoch die Tatsache, dass der Wachstumswert Katharinas an der alleruntersten Grenze lag und dem eines Säuglings entsprach. Aber noch immer machte sich die Kinderärztin keine ernsthaften Gedanken. Nur ein Überweisungsschein wurde ausgestellt, diesmal für die Kinderambulanz mit dem Vermerk: Pädiatrie, was Kinderheilkunde bedeutet. Eine Kopie der Blutwerte wurde mir mitgegeben. Nun sollten wir also wieder in die Ambulanz der Kinderklinik. Ich war mehr als fassungslos und machte mich mit den Papieren auf den Heimweg. Am Abend, als mein Mann von der Feldarbeit nach Hause kam, gingen mir die Nerven durch und ich machte meinem Unmut so richtig Luft. Es war einfach so, dass ich nicht mehr ein noch aus wusste und allein die Vorstellung, zu diesen inkompetenten, vor Arroganz strotzenden Medizinern zu fahren, ließ mich nichts Gutes erahnen.

Gleich am nächsten Morgen rief ich in der Klinik an. Ein Pförtner war am Apparat und fragte mich, wie er mir denn behilflich sein könne. Da merkte ich, dass es sich nicht wie sonst um einen ausländischen Pförtner handelte, denn er sprach Bayrisch. Ich erklärte mich mit seinem Dialekt solidarisch. Wie ein getriebenes Tier schilderte ich ihm die Probleme, die ich seit nunmehr sieben Jahren mit meiner Tochter Katharina hatte. Es war unglaublich, aber dieser Pförtner fragte mich das, was eigentlich die Ärzte hätten fragen müssen. Zwischendurch wollte er immer wieder wissen, was denn meiner Tochter noch so alles fehle und ich gab ihm vertrauensvoll Antwort. Schließlich erzählte ich ihm auch, dass ich keine Kraft mehr habe, weil die Ärzte die Beschwerden meiner Tochter und meine Schilderungen nicht ernst nähmen. Und dieser aktuelle Blutbefund lasse auch nichts Positives vermuten.

Diesen Pförtner hatte mir der Himmel geschickt! Er meinte, ich müsse unbedingt zu einem Endokrinologen und er werde mich sofort dorthin verbinden, ich solle in der Leitung bleiben. Während ich in der Leitung hing, blätterte ich im medizinischen Wörterbuch, um zu sehen, was ein Endokrinologe überhaupt ist. Kurz darauf hatte ich den Fachbegriff in Deutsch vor mir. Es handelte sich um einen Fachmediziner, der über das hormonelle, sprich endokrine System im Körper eines Menschen Bescheid weiß. Nach minutenlangem Warten hörte ich wieder die Stimme des Pförtners. Er könne mich nicht durchstellen, da ständig belegt sei, aber er gebe mir gerne die Durchwahl, ich solle es später noch einmal versuchen. Ich dankte ihm und war nun etwas beruhigt, denn vielleicht hatte ich jetzt wirklich die richtige Adresse für Katharina. Dass mir dies ausgerechnet von einem Pförtner empfohlen wurde, machte mich nachdenklich. Wenn es so einfach war für diesen Mann, mir durch schlichtes Ausfragen die richtige Richtung zu weisen, warum konnten das dann die unzähligen Ärzte nicht, bei denen wir vorstellig gewesen waren?

Ich versuchte immer wieder, die erhaltene Nummer zu erreichen, doch es war stets besetzt und zuletzt hatte ich dann den Anrufbeantworter der Sprechstunde der Endokrinologie am Ohr. Die Sprechstunde sei derzeit überlastet und es könnten erst wieder Mitte April Termine vergeben werden. Was mache ich denn bloß, wir hatten Anfang März. Das waren ja noch sechs Wochen, bis ich dort jemanden erreichen konnte. Unruhe wallte in mir auf, aber ich versuchte sie zu unterdrücken, indem ich mir immer wieder sagte: lieber spät als nie.

Also mussten wir uns bis Mitte April gedulden. Gleich am 16. April, meinem Geburtstag, rief ich sofort um acht Uhr morgens dort an. Wieder war dieser mir schon bekannte Anrufbeantworter dran. Ich war am Rande des Wahnsinns und sagte zu meinem Mann, das könne doch wohl nicht sein. Er versuchte mich zu beruhigen, ich solle es morgen noch einmal probieren, man könne sich ja auch einmal irren. Wahrscheinlich sei die Telefonleitung morgen wieder frei. Noch ein Tag also, der verloren ging.

Irgendwie wurde ich das Gefühl nicht mehr los, dass die Zeit drängte und es bald zu spät sein könnte. Am nächsten Tag rief ich wieder in der Klinik an. Dieses Mal hatte ich Glück. Die Vorzimmerdame der dort tätigen Endokrinologin meldete sich. Die erste Frage war: „Was steht auf dem Überweisungsschein?“ Ich antwortete: „Pädiatrie.“ Und die Dame gab mir zu verstehen, dass sie mir keinen Termin geben könne. Ich müsse in die Pädiatrie, in die Kindersprechstunde. Erschöpft und frustriert erklärte ich ihr, dass wir dort schon über Jahre hinweg gewesen seien und alles nichts gebracht habe. Wenn sie mir keinen Termin geben wolle, werde sie irgendwann dafür geradestehen müssen. Sie fragte nach den Beschwerden meiner Tochter und hörte mir auch ganz geduldig zu, so dass ich etwas ruhiger wurde. Ich erklärte ihr, dass meine Tochter in den letzten Wochen verstärkt und vermehrt Kopfschmerzen gehabt habe und dass sie seit über vier Jahren keinen Zentimeter gewachsen sei, auch, dass sie sich derzeit jede Nacht drei bis viermal übergebe. Ich merkte ganz deutlich, dass am anderen Ende der Leitung jemand nachdachte. Die Dame bat mich, einen Augenblick zu warten, sie wolle der Endokrinologin den Fall kurz schildern. Ich wartete bis die Dame wieder ans Telefon kam und mir einen Fragezeichentermin anbot. Ich müsse jedoch mit einigen Stunden Wartezeit rechnen. Doch das war mir egal. Wichtig war mir einzig und allein der Termin und wo wir uns einzufinden hatten. Es sei dieselbe Anmeldung wie für die Pädiatrie. Ich müsse nur sagen, ich hätte einen Fragezeichentermin in der endokrinologischen Sprechstunde. Ich ließ mir den Termin geben. Drei Wochen noch. Hoffentlich würden wir das noch schaffen! Ich bedankte mich und bestätigte den Termin für die 1. Maiwoche.

Endlich kam der Tag zur Untersuchung in der Endokrinologie. Ich fuhr mit Katharina in die Kinderklinik, ging zur Anmeldung und legte den Überweisungsschein vor. Sogleich wurde mir erklärt, ich müsse mit dem Kind in die Pädiatrie und nicht in die Endokrinologie. Da bin ich ausgerastet und sagte zu der Dame an der Anmeldung: „Weder Sie noch irgendjemand wird mich hindern, mit meiner Tochter in die Endokrinologiesprechstunde zu gehen und meinen Fragezeichentermin wahrzunehmen. Sehen Sie zu, dass Sie die Liste mit den Terminen für die Endokrinologie finden statt Büromikado zu spielen (wer sich zuerst bewegt, hat verloren). Ich bin zu derartigen Spielen und Unfähigkeiten nicht bereit." „Beruhigen Sie sich", sagte die Dame hinter der halboffenen Scheibe der Anmeldung. Ich gab ihr nachdrücklich zu verstehen, dass mich niemand davon abhalten könne, sie durch den Schlitz dieser Scheibe zu ziehen. Ich war mit meinen Nerven fertig, hätte für nichts mehr garantieren können und hätte mich auch nicht geniert, völlig auszurasten, wenn mir dieser Termin verwehrt worden wäre. Dann hätte ich mich um gar nichts mehr geschert. Sie hatte verstanden, dass es mein voller Ernst war. Sofort schaute sie auf die Liste der endokrinologischen Sprechstunde. „Entschuldigen Sie bitte, Sie haben Recht, hier steht der Fragezeichentermin Ihrer Tochter." Sie informierte mich, dass mir beim Fragezeichentermin eine erhebliche Wartezeit wohl nicht erspart bliebe. Aber diese Information hatten wir ja bereits bekommen. Dann erklärte sie mir den Weg und mir fiel sofort auf, dass es sich um das gleiche Wartezimmer handelte, indem wir auch sonst gesessen sind. Die Wartezeit war am Ende gar nicht so lang, nicht einmal zwei Stunden, was für uns eine relativ kurze Zeit war. Wir sind schon viel länger in Praxen gesessen. Eine Schwester kam und brachte uns in das Sprechzimmer der Endokrinologin.

Heute noch sehe ich das Entsetzen, mit dem die Ärztin meine Tochter musterte. Gleichzeitig nahm mein Unbehagen zu, denn ich spürte eine innere Unruhe, die in mir hochstieg und die ich nicht unterdrücken konnte. Die Unterlagen der vorangegangenen pädiatrischen Untersuchungen der Kinderklinik lagen auf dem Tisch. Ganz gezielt fragte die Endokrinologin Katharina nach den Beschwerden, schrieb alles genau auf und sagte, Katharina müsse zur weiteren Abklärung in der Klinik bleiben. Dieser Satz ließ Katharina die Tränen in ihre Augen steigen. Daraufhin erklärte mir die Ärztin, ich solle Katharina am kommenden Montag in die Abteilung für innere Medizin bringen, da derzeit nur ein Notbett zur Verfügung stünde und das wolle sie Katharina unter diesen Umständen nicht zumuten. Am Montag werde ein Bett in einem

Einzelzimmer frei, das sei das Beste für meine Tochter. Wir vereinbarten den stationären Aufenthalt, ich versicherte, wir würden pünktlich da sein. Das waren noch sechs Tage. Ich nutzte sie, Katharina zu erklären, dass es nur besser werden könne und ich bei ihr bleiben würde. Wir besorgten neue Nachthemden, Unterwäsche, Socken und einige Spielsachen, um Katharina den Krankenhausaufenthalt so angenehm wie möglich zu machen.

Ich kann mir bis heute nicht erklären, wie ich das schaffte, all den Anforderungen als dreifache Mutter, dem Haushalt und der Landwirtschaft gerecht zu werden und gleichzeitig noch dazu die ständige Sorge um meine Tochter, die schlaflosen Nächte, die unzähligen Fahrten zu Ärzten und in Kliniken. All die sinnlosen Stunden und Tage, die wir hoffend und bangend in den Warteräumen von Ärzten verbrachten. Eines weiß ich aber ganz gewiss: Ich hatte immer das Gefühl, dass ich von meiner Intuition und Inspiration sicher geführt würde. Stets begleitete mich über die vielen Jahre das Gefühl, dass ich meiner Tochter helfen kann und dass ich mit meiner Ausdauer auf dem richtigen Weg war. Auch die unzähligen Versuche mich zu beschwichtigen, die Vorwürfe der Familie, der Verwandten und der Freunde, hatten mich nicht beirren können. Der Glaube an die dogmatischen Götter in Weiß ist weit verbreitet, immer wieder hielt man mir meine Inkompetenz vor, aber ich ließ mich nie aufhalten. Insgeheim hat mich das gekränkt, ich fühlte mich allein, ich habe viele Tränen geweint, man ließ mich im Stich, ich war ständig überfordert. Mehrmals hatte ich das Gefühl am Rande des Wahnsinns zu stehen. Aber ich wusste auch, dass ich diesem Wahnsinn zur gegebenen Zeit entrinnen und neu beginnen werde.

Jetzt zeichnete es sich mehr als deutlich ab: Ich hatte mich nicht geirrt! Der Tag der Wahrheit stand kurz bevor. Es würde mir endlich gelingen, meine Tochter den Händen jener unfähigen Ärzte zu entreißen, die Katharina durch ihre fachliche Inkompetenz beinahe sterben ließen. Nun sollte auf Katharina und mich die größte Herausforderung zukommen, aber noch wussten wir nicht, worin sie bestand. So, wie sich die endokrinologische Ärztin verhalten hatte, war bereits spürbar, dass es etwas Schlimmes sein musste.

Ich hätte mir früher nicht annähernd vorstellen können, was medizinisches Fehlverhalten an Leid verursachen kann. Die ganze Familie litt. Mein Mann und mein älterer Sohn Stefan konnten ihre Gefühle nicht äußern und begannen zu trinken. Mein Sohn Michael zog sich immer mehr zurück, vernachlässigte die Schule, wurde aufsässig und aggressiv. Er hatte große Angst, wie das wohl alles enden würde. Michael saß in der Küche, kauerte vor sich hin und fragte mich, ob denn das, was ich ihm über die bevorstehende Untersuchung erzählt hatte, stimme und ob Schlimmes zu erwarten sei. Er hoffte, dass alles bald vorbei ging und es dann endlich besser um Katharina stand. Er konnte nicht mehr ertragen, wie seine Schwester litt und keine Freundinnen mehr hatte, die mit ihr spielten. „Es muss so schlimm sein, immer nur mit Schmerzen zur Schule zu gehen, nicht fern zu sehen, weil man Kopfschmerzen bekommt, keinen Sport zu machen. Das ist doch kein Leben, das ist eine Qual. Es wird höchst Zeit, dass man jemanden findet, der ihr hilft“, sagte er.

Die Luft bei uns zu Hause war zum Schneiden. Wir konnten mit niemandem darüber sprechen, denn in so einem kleinen Dorf wurde man mit einem kranken

Kind gewissermaßen abgestempelt. Das war für uns alle schlimm.

Vielleicht liegt das daran, dass sich die meisten Menschen fürchten, sie könnten einem zu nahe treten. Aus meiner Sicht ist es unsere anerzogene Kultur der Distanz. Vielleicht wollen wir Menschen nicht mit dem Leid der anderen konfrontiert werden, vor allem nicht, wenn es so real und unmittelbar spürbar ist. Es rührt an unseren vergrabenen Gefühlen, es verlangt Mitgefühl und es spiegelt unsere eigene Verletzlichkeit. Wir sind es gewohnt, Leid distanziert im Fernsehen anzuschauen, darüber zu reden, als beträfe es uns nicht. Wir tauschen uns lieber ausgiebig über unsere Zipperlein aus; in unserer deutschen Kleingeistigkeit verstehen wir einander. Wichtig ist uns unser eigenes Wohlbefinden, aber wie ein anderer zurecht oder zu seinem Recht kommt, interessiert kaum jemanden. Allerdings wollen wir alle, möglichst über Dritte, die Fortsetzung erfahren. Bei den Verwandten sowie den übrigen Bekannten wurde es für mich geradezu unerträglich, wie sie darauf lauerten, dass das Drama weitergeht. Man tuschelte sich zu: *Fortsetzung folgt, da kommt noch was, das geht bestimmt schief!*

Mir drangen nur dumme Sprüche mit nichts dahinter ans Ohr, aber keine Hilfe, keine Unterstützung, kein Mitgefühl. Jeder wollte sich wichtigmachen und in Szene setzen. Mit den Jahren hatte ich mich damit abgefunden und war abgestumpft, ändern konnte ich es sowieso nicht. Was blieb, war meine innere Traurigkeit. Die Neunjährige in mir trauerte mit.

Oft dachte ich an das Zitat von Forrest Gump:
Dumm ist der, der Dummes tut.

8. Kapitel

Sehe ich Katharinas Leid vor mir,
wird mir der Wert meiner eigenen Gesundheit bewusst.
Sie ist unbezahlbar.

An einem Montag Mitte Mai 1998 brachte ich Katharina in die endokrinologische Abteilung der Kinderklinik. Wir wussten beide, dass es wichtig war endlich zu erfahren, was mit ihr los ist. Soweit es mir möglich war, sprach ich beruhigend auf sie ein. Immer wieder versicherte ich ihr, dass ich sie nicht allein lassen und die ganze Zeit über bei ihr sein würde. In mir schlich sich ein Gefühl der Bedrohung ein, das ich mir nicht erklären konnte. Ich ängstigte mich vor den Ergebnissen, die die angesetzten Untersuchungen zum Vorschein bringen könnten.

Tief in mir spürte ich, dass es kurz vor zwölf war und das Beklemmungsgefühl in meiner Herzgegend nahm stündlich zu. Ich fand keine Ruhe mehr, lief wie ein Käfigtier unentwegt hin und her. Von der Oberärztin der endokrinologischen Abteilung, die Katharina eingewiesen hatte, wurde ich fachkundig darüber aufgeklärt, wie die Untersuchungen mit den dazugehörigen Tests ablaufen sollten, was man dadurch ausschließen könne und wie man strategisch vorgehen müsse, um ein optimales und brauchbares Untersuchungsergebnis zu erhalten. Es wurde Blut abgenommen und verschiedene Tests in Bezug auf ihre Größe sowie die Entwicklung der vergangenen Jahre gemacht. Für den kommenden Tag wurde eine

Kernspinaufnahme des Kopfes angeordnet. Ich wurde gebeten, Katharina zum Kernspin zu begleiten. Das war für mich selbstverständlich. Als ich die Oberärztin fragte, wie weit denn die Untersuchungen schon ausgewertet seien, streifte mich ein kurzer Blick des Mitgefühls und mir wurde übel. Die Endokrinologin versuchte mir zu erklären, dass erst alle Ergebnisse vorliegen müssten, um eine kompetente Aussage machen zu können. Jetzt warte sie erst einmal die Kernspinaufnahme ab, dann werde sie mir mehr sagen können.

Am kommenden Morgen ging ich mit Katharina zur Nuklearabteilung. Ich fragte die Röntgenärztin, ob sie mir, falls etwas nicht in Ordnung sei, dies gleich mitteilen könne. Die Ärztin bejahte. Sie erklärte uns ihr Vorgehen: Sie mache erst einige Aufnahmen ohne Kontrastmittel und dann mit Kontrastmittel, weil man dann pathologische Veränderungen noch deutlicher erkennen könne – pathologisch heißt auf gut Deutsch: krankhaft. Katharina wurde vorbereitet und ihr wurde eine Nadel gelegt, durch die dann das Kontrastmittel laufen musste. Mir wurde gesagt, ich solle meine Tochter soweit wie möglich beruhigen, damit sie kein Beruhigungsmittel bekommen müsse. Um die Untersuchung für Katharina zu erleichtern, gab man ihr Kopfhörer, zum einen, weil es sehr laut in dieser Röhre war, und zum anderen, weil sie so eine Geschichte von Max und Moritz anhören konnte. Durch diese Ablenkung würde ihr die Untersuchung nicht zu lange erscheinen. Während der Untersuchung war es wichtig, dass sie ganz ruhig liegen blieb.

Ich konnte durch ein Fenster alles verfolgen. Dadurch fühlte Katharina sich sicher und nicht allein. Während der Untersuchung fiel mir auf, dass immer mehr Ärzte den Raum betraten. Irgendwann konnte ich die Kernspinröhre gar nicht mehr erkennen, nur noch Ärzte, die auf den Bildschirm starrten, der die Bilder der Untersuchung lieferte. Mir wurde kalt und heiß im Wechsel. War das nun das Ergebnis für jahrelanges medizinisches Irrlaufen? Und jetzt schien es, als würde man von weitem schon alles erkennen? Ich weiß nicht mehr, wie viel Zeit verging. Doch mir wurde schlagartig klar: Uns erwartete ein Ergebnis, das ich mir in meinen kühnsten Träumen nicht hätte vorstellen können. Ich hoffte nur, dass es noch nicht zu spät war und schickte ein Stoßgebet ins Universum, der Himmel möge uns beistehen.

Nach der Untersuchung brachte mir die Radiologin meine Tochter mit der Bitte, ich solle sie ankleiden. Das weitere Vorgehen werde die zuständige Endokrinologin entscheiden. Auf meine Frage, ob pathologisch etwas zu sehen gewesen sei, gab sie mir zur Antwort, ich solle um 14.30 Uhr bei der Endokrinologin sein und das nicht mit Katharina, sondern allein. Für meine Tochter solle ich jemanden bestellen, der in dieser Zeit auf sie aufpasse oder sich mit ihr beschäftige, damit sie sich nicht unnötig aufrege, denn die nächste Untersuchung werde schon angestrebt. Nachdem mein Mann mit der Feldarbeit beschäftigt war, bat ich meine Freundin Johanna, in die Klinik zu kommen. Wichtig war einfach nur, dass Katharina nicht allein sei und mit einer ihr vertrauten Person zusammen sein konnte, damit sie nicht weine. Denn dann würden die Kopfschmerzen schlimmer und es sei sowieso für sie anstrengend genug, diese Untersuchungen ohne größere Schwierigkeiten zu absolvieren. Außerdem werde etwas Ablenkung Katharina bestimmt Freude machen. Ich könnte in der Zwischenzeit den

Besprechungstermin wahrnehmen, um klarer zu sehen. Johanna bot ich an, sie abzuholen und wieder zurückzufahren.

Pünktlich betrat ich das Besprechungszimmer der Endokrinologin und sah gleich an ihrem Blick, wie ratlos ihre Augen waren und wie sie förmlich nach den richtigen Worten suchte. Nervös bat sie mich, Platz zu nehmen. Sie müsse mir eine sehr traurige Mitteilung machen und es falle ihr ziemlich schwer, denn sie habe selbst eine Tochter, die genauso alt sei wie Katharina. Außerdem könne sie auch als Medizinerin ihre Gefühle nicht einfach abschalten. Ich saß wie angewurzelt da und brachte fast tonlos gerade noch heraus, sie möge mir sagen, was Katharina fehle.

Ganz langsam begann sie zu sprechen und teilte mir mit, dass es sich bei Katharina es sich um ein Kraniopharyngeom handle, einen sogenannten Hypophysentumor, der mittlerweile schon sehr viel Platz im Gehirn beanspruche, wodurch bereits einige Areale zerstört worden seien. Auch ein Augenkonsil müsse noch gemacht werden, da der Tumor genau auf der Sehnervenkreuzung liege und das Ausmaß des Schadens erst erkennbar sei, wenn das Ergebnis der augenärztlichen Untersuchung vorliege. Auch von verschiedenen Ausfällen im Hormonhaushalt versuchte die Endokrinologin mir zu erzählen, doch die Bilder der letzten sieben Jahre liefen wie im Zeitraffer vor meinem geistigen Auge ab.

Der einzige Gedanke, den ich überhaupt denken konnte war: „Wie habt Ihr Ärzte doch alle versagt!" Wut, Trauer, Fassungslosigkeit, ein Reigen der Ohnmachtsgefühle tanzte in mir, ich taumelte innerlich. Irgendwann wurde die Endokrinologin unruhig, weil ich nicht einen

Laut von mir gab. Doch ich war sprachlos und geschockt und fragte mich, warum niemand auf mich gehört hatte, warum keiner versucht hatte, gründlich zu diagnostizieren und warum es so viele Jahre dauern musste, bis wir endlich an die richtige Ärztin gekommen waren.

Langsam kam die Endokrinologin um den Tisch herum auf mich zu und fragte: „Warum sind Sie denn so stumm?“ Ich konnte nur eine einzige Frage stellen: „Was machen wir jetzt oder ist es womöglich schon zu spät?“ Dann bat ich sie, meiner Tochter alles zu erklären, denn ich hatte Katharina über all die Jahre nie im Ungewissen gelassen. Auch jetzt sollte sie ehrlich erfahren, woher ihre Kopfschmerzen kamen, warum sie nicht gewachsen sei und weshalb sie sich so oft erbrochen hatte. Die Ärztin war etwas schockiert über meine Bitte, doch sie wollte es versuchen. Katharina sei ja schon elf Jahre alt.

Sie hielt ihr Wort und erklärte Katharina so behutsam wie möglich, dass wir Hilfe suchten, um sie von den Kopfschmerzen zu befreien und damit sie sich auf eine schmerzfreie Zeit freuen könne. Es war nicht zu übersehen, dass die Ärztin sichtlich bewegt war, während sie Katharina alles erklärte. Es sei ein „kleiner Knubbel“ im Kopf, der operiert werden müsse. Dann hätte sie keine Kopfschmerzen mehr. Katharina konnte es nur bedingt verstehen und fragte, warum die anderen Ärzte das nicht gesehen hätten. Sie wollte auch wissen, ob sie wieder wachsen würde so wie die anderen Kinder und ob der Kleinwuchs auch von dem Knubbel im Kopf komme. Schließlich brachte ich Katharina wieder ins Wartezimmer zu Johanna zurück und ging noch einmal zur Endokrinologin, um die kommende Untersuchung in der Augenklinik zu besprechen.

Sichtbar berührt saß die Ärztin vor den Befunden. Ich fragte sie, wieso man nicht schon viel früher auf eine solche Untersuchung bestanden habe, wo ihre Abteilung doch von der pädiatrischen Ambulanz nur eine Wand trennte. Sie konnte es mir auch nicht erklären, doch wichtig war, dass wir jetzt die richtige Diagnose hatten. Sie werde sich gleich um einen geeigneten Neurochirurgen bemühen, dann könnten wir weitersehen. Morgen solle ich dann wie besprochen in die Augenklinik gehen, um Katharinas Augen untersuchen zu lassen. Für heute möchte ich Katharina bitte zur Station zurückbringen und mir nicht zu viele Gedanken machen. Morgen wisse sie mehr und dann werde man über die weitere Vorgehensweise entscheiden. Es gäbe Spezialisten, die derartige Operationen täglich machten.

Ich verabschiedete mich und kämpfte beim Hinausgehen gegen die aufsteigenden Tränen an, denn ich musste jetzt für Katharina sein. Ich holte sie ab, wir machten uns auf den Weg ins Nebengebäude, wo sich die Abteilung für Inneres sowie die endokrinologische Station befanden. Wir mussten einen kleinen Innenhof mit Spielplatz überqueren, um in das andere Gebäude zu gelangen. Als wir schon fast dort angekommen waren, fing Katharina heftig an zu weinen, klammerte sich an meinen linken Oberarm und schluchzte, ob sie nun sterben müsse oder ob man ihr noch helfen könne. Sie habe solche Angst und wolle nicht in ein Krankenhaus, sie wolle zu Hause bei ihren Brüdern, bei Pa und mir bleiben, denn die Ärzte, denen glaube sie nichts mehr, die hätten immer gesagt, sie simuliere und lüge. Augenblicklich war es auch mit meiner Fassung vorbei. Ich hob Katharina hoch und weinte, weinte mit ihr, bis wir total ermattet auf einen

Rasenstreifen sanken. Trotz meines tiefen Mutterschmerzes versuchte ich Katharina erneut zu beruhigen und ihr Hoffnung zu vermitteln. Ich erklärte, dass die Operation eine Chance sei, die ihr Leben retten könne. Andere Mütter verlören ihr Kind vielleicht bei einem Autounfall und hätten nicht einmal die Möglichkeit zu kämpfen. Doch uns werde jetzt eine Möglichkeit gegeben, die wir für ihr junges Leben nutzen sollten.

Johanna begleitete uns in Katharinas Krankenzimmer. Katharina klagte über fürchterliche Kopfschmerzen und weinte immer noch. Sie bat mich, alles was gemacht wird, egal was auch immer passieren sollte, ich müsse ihr versprechen, alles zu fotografieren, denn wenn das überstanden sei, bringe sie die Fotos zu den unfähigen Lehrern und Ärzten, damit die sehen, dass sie nicht simuliert habe. Ich versprach Katharina, dass ich alles was jetzt kommt, festhalten werde. Ich versprach ihr hoch und heilig: „Ich schreibe weiterhin genau auf und fotografiere für Dich, soweit es mir gestattet wird, alles, das verspreche ich Dir, Katharina".

Die diensthabende Ärztin gab ihr ein Schlafmittel und sagte, ich solle bei ihr bleiben, bis sie eingeschlafen sei. Katharina war ohnehin schon völlig erschöpft, darum dauerte es auch nicht lange bis sie schlief. Ich fuhr mit Johanna zu uns nach Hause, wo sie ihr Auto abgestellt hatte. Ohne ein weiteres Wort zu sagen, fuhr sie los. Auch ihr hatte es völlig die Sprache verschlagen.

Dann stand auf einmal mein Sohn Stefan vor mir. Er wollte wissen, was bei der Untersuchung herausgekommen sei. Ich sagte es ihm und schlagartig wurde er kreidebleich. „Das kann doch nicht sein. Wie kann es angehen, dass die Ärzte das bisher nicht gesehen hatten? Wie konnte denn so etwas geschehen?“ Stefan stellte die Fragen, die in meinem Herzen unablässig tobten. Doch ich hatte keine Antworten dafür.

Ich richtete mein Augemerk darauf, dass es nun endlich einen Arzt gab, der Katharinas Leben retten konnte. Ich fragte Stefan, ob er wisse, auf welchem Feld der Schorsch gerade arbeitete. Stefan ermahnte mich, ich solle auf keinen Fall in diesem emotionalen Zustand Auto fahren. Doch ich konnte und durfte keine Zeit verlieren, denn ich musste ja wieder in die Klinik zurück.

Ich fand meinen Mann auf einem unserer Felder und schilderte stenographisch, wie es um Katharina stand. Er sah mich entgeistert an, wollte meinen Worten nicht glauben und sagte in seiner bayrischen Mundart: „So ein Schmarrn! Sind denn die jetzt total durchgeknallt?“ Ich solle bloß so einen Schrott nicht glauben, das würde mir nur den Verstand rauben. Daraufhin ließ ich ihn einfach stehen, um wieder zu Katharina zu fahren. Zuvor musste ich aber meiner Mutter noch Bescheid geben, das hatte ich ihr versprochen und sie wartete auf meine Nachrichten. Ich fuhr direkt zu ihr.

Kaum im Hof meiner Eltern angekommen, lief mir meine Mutter schon aufgeregt entgegen. Ich bat sie, mit mir ins Haus zu gehen und sich zu setzen, ich werde ihr die Diagnose von Katharina jetzt sagen und sie solle sich bitte beherrschen, ich könne jetzt keinen emotionalen Ausraster vertragen. Auch müsse ich mich extrem konzentrieren, um nicht die Kontrolle über mich selbst zu verlieren. So setzte sich meine Mutter mir gegenüber auf den Stuhl und wartete geduldig ab, bis ich die richtigen Worte parat hatte. Langsam und ruhig gab ich ihr zu verstehen, welches Ausmaß das Ganze hat. Meine Mutter wurde ebenfalls kreidebleich, stammelte immer nur, wie man so etwas übersehen konnte und dass es gut war, dass ich nicht aufgegeben habe. Sie wollte sich für ihr Verhalten mir gegenüber entschuldigen, ihr täte es leid, sie habe doch nicht ahnen können, dass es so weit fehle. Die Kliniken haben doch sämtliche Apparate, um Diagnosen zu stellen, warum nur mussten sie Katharina so lange quälen.

Dann sagte sie, dass meine Schwester Erika schon den ganzen Tag warte und ständig anrief, ob es Neuigkeiten gebe und ob ich mich immer noch nicht gemeldet habe. Also griff ich zum Telefonhörer. Sie wohnte nicht weit weg und ich bat sie, kurz zu unserer Mutter zu kommen, da ich wieder zu Katharina fahren müsse; sie soll bitte gleich kommen, denn meine Zeit sei knapp. Erika war innerhalb von fünf Minuten da, sah meine Mutter, die lautlos weinte und fragte mich, was denn mit Katharina sei. Ich sagte es ihr und höre heute noch ihren entsetzten Schrei. Auch ihr gab ich zu verstehen, sie soll mich jetzt bitte nicht unnötig belasten, da ich kurz davor sei, selbst die Fassung zu verlieren. Ich musste mich heftig beherrschen, geradezu dazu zwingen, dass mir nicht auch die Nerven durchgingen. Erika lehnte sich wie ein getriebenes Tier ermattet an den Schrank und fragte unaufhörlich: „Ist Katharina wirklich so schwer erkrankt?" Meine Mutter und meine Schwester hatten solch einen Schock, dass sie wie erstarrt auf mich blickten und immer wieder nur den Kopf schüttelten.

Ich verabschiedete mich dann ziemlich schnell und sagte, ich werde mich wieder melden, doch heute hätte ich keine Zeit mehr; ich müsste wieder nach Katharina sehen, auch könnte ich selbst die Tragweite noch nicht ganz verstehen, ich wüsste nur, man darf jetzt keine Zeit mehr verlieren. Gehetzt fuhr ich zur Klinik zurück und konnte unter Tränen nur mit Mühe den Wagen lenken. Als ich ankam, war Katharina schon wieder wach. Man merkte ihr an, dass sie nachdachte. Ich setzte mich an ihr Bett, dann begann sie ganz leise zu sprechen. Ob ich denn überzeugt sei, dass man ihr Leben retten könne? Ich bejahte. Man dürfe jetzt nicht nach hinten, sondern müsse nach vorne schauen. Dann könne man das Gute besser sehen. Aber wir müssten diesen Weg jetzt weiter gehen. Später erklärte ich Katharina, dass ich kurz nach Hause fahren müsse, um ihren Vater zu holen, der sie besuchen wolle.

Als ich die Klinik verließ, konnte ich mein Auto nicht mehr finden. Ich hatte es in meiner Aufregung irgendwo abgestellt und vergessen wo. Mittlerweile schmerzten meine Beine schon sehr. Straße für Straße ging ich ab und nach endlosen zwei Stunden fand ich mein Auto in einer kleinen Seitenstraße. Zu Hause fragte mein Mann, was denn jetzt wirklich mit den Befunden sei. Ich erklärte ihm die Sachlage noch einmal, in aller Ruhe. Und da sah er endlich klarer. Schockiert und sprachlos saß er mir am Küchentisch gegenüber und fragte mich alles Mögliche. Mit letzter Kraft versuchte ich ihm noch verschiedene Dinge zu erklären. Doch mein Mann schien sich gegen die Diagnose „Gehirntumor“ zu wehren.

Dann fiel mir meine Schwiegermutter ein, ich hatte ganz vergessen ihr Bescheid zu geben, griff zum Telefon und rief sie an. Ich sagte ihr so ruhig, wie es mir möglich war, dass die Diagnose feststehe und sie jetzt stark sein müsse. Wir müssten noch weitere Untersuchungen vornehmen lassen und einen geeigneten Neurochirurgen finden, der es schaffte, diesen schon so raumfordernden Tumor zu entfernen. Es müsste ein Spezialist sein, der sich genau auf diese Form Gehirntumore spezialisiert hatte. Meine Schwiegermutter war genauso sprachlos wie meine eigene Mutter und wollte es, wie so oft, nicht glauben, was ich ihr sagte. Ich versprach, dass ich mich am nächsten Tag melden werde und wenn es Katharina soweit gut gehe, könne auch meine Schwiegermutter ins Krankenhaus mitkommen.

Dann fuhren mein Mann und ich in die Klinik, um nach Katharina zu sehen. Und falls die Ärztin noch anwesend sei, konnte mein Mann es sich ja von ihr erklären lassen. Denn das, was ich „von mir gab", war für ihn zu schwer zu verstehen. Er wollte meinen Worten einfach nicht glauben, er brauchte einen fachkundigen Arzt, eine Autorität, die ihm dies mitteilte, erst dann war er bereit das Ausmaß zu begreifen. Irgendwie war das nicht anders zu erwarten, denn über sieben Jahre haben alle nur den Medizinern geglaubt, weshalb sollte es jetzt anders sein. Wieder einmal fühlte ich die Neunjährige in mir, der man nicht vertraute, nicht glaubte und die man nicht ernst nahm. Viele Jahre war dies nun so gegangen. Und nun so eine Diagnose. Trotz aller Sorge war es furchtbar kränkend für mich. Ich war ohnehin schon so emotional und Katharina's Diagnose traf mich tief im Herzen.

Die verantwortliche Endokrinologin hatte bereits Dienstschluss, so dass mein Mann mit den Auskünften der Stationsschwester vorlieb nehmen musste. Sie klärte ihn auf und erst jetzt konnte er akzeptieren. Er sagte nur, er könne das alles nicht verstehen, seine Frau habe doch mit Katharina etliche Ärzte konsultiert. Und die sollten sich alle geirrt haben?

Am kommenden Morgen ging ich mit Katharina in die Augenklinik. Es stellte sich heraus, dass die Sehnervenkreuzung durch den Tumor gequetscht und das räumliche Sehen eingeschränkt bzw. nicht mehr vorhanden war. Auch der so genannte Tunnelblick war durch diesen großen Tumor entstanden. Man könne noch nicht abwägen, wie groß die Gesichtsfeldeinschränkung tatsächlich bleiben könne. Das werde sich erst nach der Operation zeigen. Mit diesem Befund wurden wir entlassen und ich konnte es immer noch nicht fassen, welche Tragweite das Ganze hatte. Wie ein Film liefen immer wieder die sieben Jahre Fehldiagnose und Fehltherapie in mir ab. Und die Neunjährige in mir saß mit in meinem inneren Kinosaal.

Ich ging mit meiner Tochter wieder in die endokrinologische Station. Der augenärztliche Befund war über den Hauscomputer an die Station weitergeleitet worden und sollte in der Zwischenzeit vorliegen. Nun wurde der Befund mit den Kernspinbildern verglichen, denn es sollte das bestmögliche Ergebnis gewährleistet werden. Bei der Besprechung wurde ich informiert, dass man auf der Suche nach einem geeigneten Chirurgen sei, mit dem man eng zusammenarbeiten müsse. In der Landeshauptstadt gab es keinen geeigneten Chirurgen, der sich auf diese Art von Gehirntumor spezialisiert hatte. Als mein Mann das hörte, störte ihn das mächtig, denn er konnte nicht verstehen, dass man einen Neurochirurgen erst suchen musste.

Er berichtete unserer gemeinsamen Freundin Kathrin davon. Und die hatte gleich eine Idee. Kathrin sagte: „Ich rufe meine Tante Barbara in Baden-Württemberg an. Sie war Professorin für schwere Schädel-Hirn-Verletzungen und kennt viele kompetente Kollegen. Sie ist zwar schon pensioniert, pflegt aber immer noch Kontakte zu Neurochirurgen in der ganzen Welt. Da ist bestimmt einer dabei, der sich speziell mit so einem Tumor auskennt." Also rief sie sofort ihre Tante an und schilderte den prekären Fall. Die Tante Barbara hatte sogleich einen Professor aus Boston parat, der sich auf diese Art von Gehirntumoren spezialisiert hatte. Man müsse ihm die Unterlagen per E-Mail schicken, um keine wertvolle Zeit zu verlieren. Gleich am nächsten Tag informierte ich die Endokrinologin und sie setze sich mit dem Spezialisten in Boston in Verbindung, um das weitere Vorgehen zu klären. Ich indes bekam einen Arztbrief mit Ausdrücken, die sich nicht einmal in meinem normalen medizinischen Wörterbuch finden ließen. Da stand zum Beispiel: intrazerebellar (= im Kleingehirn gelegen), initiiert (= begonnen), Persistenz (= Fortbestehen), temporal (= zu den Schläfen gehörend), interkraniell (= im Schädel), phathologisches Korrelat (= krankhafte Begleiterscheinung), Progression (= Steigerung, Zunahme), Neurocranium (= Hirnschädel) und vieles mehr. Ich schaffte mir ein neurologisches Wörterbuch an und bei jedem Arztbesuch klemmte ich es mir unter den Arm. Ich wollte nie wieder als Ahnungslose und Unwissende behandelt werden.

Man versuchte uns schonend beizubringen, dass Katharina schnellstens operiert werden müsse, da sie sonst Weihnachten mit großer Wahrscheinlichkeit nicht mehr erleben würde. Der Tumor hatte inzwischen eine Größe vom Durchmesser eines Fünfmarkstücks und an Masse bereits deutlich zugenommen. In der Computertomographie stellte er sich stark raumfordernd dar, erklärte mir die zuständige Endokrinologin. Es würde schwierig werden, diesen Tumor zu entfernen, da der mittig im Gehirn lag.

Nachdem die Endokrinologin Kontakt mit dem Neurochirurgen in Boston aufgenommen hatte, ging alles sehr schnell. Zuerst zog man in Erwägung, Katharina nach Boston zu fliegen, aber dann schien es doch zu gefährlich, da im Flugzeug der Druckunterschied zu groß wäre, was zu einem Platzen des Tumors hätte führen können. Der Neurochirurg erklärte sich bereit, in ein deutsches Kopfklinikum zu kommen, in dem er zwischendurch immer wieder einmal operierte. Dieses Klinikum war in Mittelfranken und mit der neusten Technik ausgestattet. Das ermutigte mich und ich hatte wieder Hoffnung, dass alles gut werden würde.

Ein Motto, das mich mein ganzes bisheriges Leben lang begleitet hatte, war: Nur positive Gedanken zeigen negativen Gedanken die Schranken. So wird man in der Tiefe der Seele nicht erkranken. In der Meditation wird man die nötige Erholung und Kraft finden, so kann man sein auferlegtes Schicksal besser ertragen.

Nie hatte ich mich so enttäuscht gefühlt. Aber enttäuscht sein musste ich eigentlich nicht, denn ich hatte mich nicht täuschen lassen. Doch mit dieser niederschmetternden Diagnose hatte ich nicht im Entferntesten gerechnet. Es war, als ob der Boden unter meinen Füßen wegsacken würde und ich jeglichen Halt verlöre. Immer wieder appellierte ich an die Hilfe von „oben" und wünschte mir die Kraft, das alles durchzustehen und nicht am Ende ohne Katharina zu sein. Die anderen Menschen nahm ich nur noch wie in Trance wahr und konnte sie teilweise auch nicht von meiner Verzweiflung und Verachtung verschonen. Als ich mich etwas beruhigt hatte, waren auch der Respekt und die Achtung für die anderen wieder da. Dass mir so lange keiner die Hand gereicht hatte, war nicht leicht zu bewältigen. Doch jetzt musste ich meinen Weg mit Katharina weitergehen und durfte nicht nach hinten sehen.

Vor langer Zeit hatten Katharina und ich uns Namen für unsere Schutzengel ausgedacht und Katharina sagte: „Mam, unsere Schutzengel geben auf uns acht, du wirst es sehen. Und irgendwann werden uns unsere Schutzengel zu dem richtigen Doktor führen, das kann ich spüren." So gaben wir unseren Schutzengeln, jeder für sich, einen Namen. Katharina nannte ihren Schutzengel Alois, mein Schutzengel bekam den Namen Mind. „Wenn es mir nicht gut geht, kommt Alois zu Mind und erzählt es ihm. Dann spürst du genau, dass ich Dich brauche", sagte Katharina. Wir klammerten uns an diese schützenden Wesen, die uns unsichtbar verbanden und verstanden.

9. Kapitel

Nicht klagen, nicht verzagen,
nicht nach dem Warum fragen
in diesen schweren Tagen.

Ende Mai 1998 fuhren mein Mann, ich und unsere Tochter nach Mittelfranken und stellten sie dem Professor vor, der bereits aus Boston angereist war. Einen derartigen Fall habe er bis dahin noch nicht gehabt. Er erklärte uns, dass diese Art von Tumor meist schon allein an den typischen Anzeichen wie Kleinwüchsigkeit, Übelkeit und den anhaltenden starken Kopfschmerzen zu erkennen sei. Er müsse noch einige Voruntersuchungen machen, bevor er den Operationstermin festsetzen könne.

Als erstes wurde in einem Computertomographen unter Vollnarkose ein Loch in Katharinas Schädel gebohrt, um die Flüssigkeit aus dem Inneren des Tumors abzusaugen, damit man das umliegende Gewebe besser erkennen konnte. Dann, erklärte uns der Professor, müsse man abwarten, ob der Tumor sich wieder fülle. So war die erste Hürde genommen. Mein Mann fuhr wieder zu unseren Söhnen heim. Ich blieb bei Katharina, wie ich es ihr versprochen hatte und wartete gespannt, wie es sich entwickelte.

Nach einer Woche wurde eine Kontroll-Computertomographie gemacht. Wir hatten Glück, der Tumor füllte sich nicht erneut. Auch der Professor war darüber hoch erfreut. Nun sollte Katharina für einige Tage nach Hause fahren, um im Kreise der Familie Zuspruch und Kraft zu tanken, denn die große Operation stand bald bevor und etwas Ablenkung täte ihr gut. Die kommende Zeit würde beschwerlich werden, so die Ankündigung.

Bis zum nächsten längeren Aufenthalt in der Kopfklinik versuchte ich die Zeit möglichst sinnvoll zu gestalten. Im Schnelldurchlauf erklärte ich meinem Mann und meinen Söhnen, wie man eine Waschmaschine und einen Wäschetrockner bedient. Über Tage hinweg kochte ich für einige Wochen vor und fror es dann ein, damit die Mahlzeiten für die erste Zeit gesichert waren. Weniger aufwendige Kochgerichte habe ich dann meinem Mann und den Söhnen beigebracht. Damit der Haushalt nicht zu sehr in Mitleidenschaft gezogen wurde, zeigte ich ihnen, wo die nötigen Putzmittel stehen. Man musste ja bedenken, dass Michael damals erst zwölf Jahre alt war und Stefan siebzehn. Dieser hatte seine Lehre abgeschlossen, war also den ganzen Tag außer Haus und in seinem Beruf und mein Mann war tagsüber mit der Landwirtschaft beschäftigt. Die emotionale Anspannung war für die ganze Familie enorm. Ganze Listen habe ich meiner Familie geschrieben, damit sie während meiner Abwesenheit zurechtkam. Damals besaß ich auch noch kein Handy und wäre nur abends im Hotel erreichbar gewesen.

Katharina wollte nicht von zu Hause weg und zog sich immer mehr zurück. Wir wussten auch nicht, wie es nach der Operation weitergehen würde. Alles lag in der Schwebe, aber wichtig war einfach nur das Bestreben um Katharinas Leben und. In dieser schmerzhaften Zeit distanzierte ich mich von meinen Mitmenschen besonders stark. Ich wollte nicht, dass mich jemand in meiner Sorge um meine Tochter stört. Die ganze mir verbliebene Energie wollte ich mir aufsparen und mich nicht mit sinnlosem Geschwätz und gut gemeinten Ratschlägen plagen. Ich hatte ja über Jahre erfolglos versucht, um Verständnis zu werben. Jetzt konnte ich auf die anderen auch verzichten, helfen konnte mir für das, was anstand, ohnehin keiner. Ich musste den Spezialisten vertrauen und unser kommendes Leben auf ihre Ergebnisse aufbauen.

So suchte ich vermehrt das Gespräch mit Katharina, versuchte sie zu beruhigen, ihr mit aufbauenden Affirmationen zu helfen. Das sind bildhafte, positive Gedankenmuster nach der Amerikanerin Louise Hay. Louise Hay war schwer an Krebs erkrankt und die Ärzte hatten sie bereits aufgegeben. Sie versuchte zur Selbstheilung ihr Gedankengut positiv zu programmieren und das schien zu funktionieren. Zur Aufrechterhaltung von Körper und Seele praktizierte ich mit meiner Tochter Entspannungsübungen, machte mit ihr Phantasiereisen und ermutigte sie, dass sie das alles schaffe, auch wenn es zurzeit noch mehr Kraft kosten werde als jemals zuvor.

Ich sagte mir immer wieder selbst: Wer kämpft, kann verlieren, wer nicht kämpft, hat verloren. Und meine innere Stimme ließ mich nicht verzagen und nicht nach dem Warum fragen. So habe ich die Zeit verbracht, bis wir Katharina Mitte Juni 1998 erneut ins Klinikum nach Mittelfranken brachten, wo weitere Voruntersuchungen durchgeführt wurden. Eine Angiographie musste noch gemacht werden. Dabei wird ein dünner Schlauch mit Kamera in die Leiste eingeführt und durch die Vene bis ins Gehirn vorgeschoben, um genau sehen zu können, ob wichtige Versorgungsstränge des Gehirns durch den Tumor liefen. Es wuren viele Tests gemacht und diese Tage waren enorm anstrengend für uns alle.

Für meinen Mann war diese Situation rein gefühlsmäßig nicht auszuhalten, er war mit den Nerven total am Ende. Seine ständige Unruhe, seine Sorgen und die Angst übertrugen sich auf Katharina und auf mich. So entschieden wir, dass mein Mann zu unseren Söhnen nach Hause fahren solle, damit sie sich in dieser schweren Zeit gegenseitig Halt geben konnten. Ich selbst musste meine Sorgen und Ängste so gut es ging vor Katharina verbergen, um sie in Sicherheit zu wiegen. Eines Abends sagte Katharina: „Mam, wenn die Operation nicht glückt und ich sterben werde, dann bist du mit deinen Erinnerungen ganz allein auf dieser Erde." Ich erklärte ihr, dass sie nicht sterben werde, denn Alois und Mind passten auf sie auf, darauf würde ich vertrauen. Aber jeden Abend, wenn ich von der Klinik in meinem Hotelzimmer ging, gab es auch für mich kein Halten mehr. Mir war so schwer ums Herz, ich weinte oft die ganze Nacht hindurch und habe viele Male die Ärzte verflucht, die Katharina fahrlässig und falsch behandelt hatten. So manches Mal, wenn ich keinen Schlaf finden konnte, rannte ich stundenlang durch die tiefschwarze Nacht, versuchte mich abzulenken und an das Gute zu glauben. Manchmal befürchtete ich in der Tiefe meines Herzens, ich würde hysterisch und das alles würde mir den Verstand rauben.

Katharina lag in ihrem Bett und fragte immer wieder einmal nach, ob ich daran glaubte, dass sie es schaffe. „Mam", sagte Katharina, „ich möchte doch noch nicht sterben, ich will bei Dir und bei Stefan, Michael und Pa sein, denn im Himmel bin ich doch ganz allein". Nur mit Mühe konnte ich die in mir aufsteigenden Tränen besiegen und musste ständig meine wahren Gefühle niederkämpfen. Ich durfte Katharina nicht zeigen, wie ich mich sorgte, musste ihr Zuversicht und unendlich viel Liebe geben, um das zu überstehen.

Die große Operation wurde für den 19. Juni 1998 angesetzt. Ich rief meinen Mann zu Hause an und teilte ihm mit, er müsse in die Klinik kommen, um dem Aufklärungsgespräch beizuwohnen und die Einverständniserklärung zu unterschreiben. Bei dem Gespräch wurde uns genau erklärt, was alles passieren konnte. Mir wurde ganz schwarz vor Augen und ich dachte immerzu: Das sollen wir unterzeichnen? Wie ein Todesurteil empfand ich es, doch es war die letzte Chance, die Katharina hatte. Wir konnten jetzt nur hoffen, dass die Operation ein positives Ergebnis brachte. Sonst, so dachte ich, werde ich verrückt. Wir wurden auch über den schlimmsten möglichen Fall aufgeklärt, dass aufgrund der gequetschten Sehnervenkreuzung eine Erblindung auftreten könne. Ich wollte dies alles nicht mehr hören, denn wir mussten entscheiden, ob Katharina nur noch bis zum Jahresende leben sollte oder wir sie vertrauensvoll an die Spezialisten übergaben. Und so unterschrieben wir die Einverständniserklärung. Eine andere Chance hatten wir nicht mehr und die wechselnden Gefühle von Ohnmacht, Hoffnung und Hoffnungslosigkeit begleiteten uns die ganze Zeit.

Mein Mann verbrachte die Nacht vor der Operation im Hotel und ich habe mich auf einem Stuhl zu Katharina gesellt. Meine Tochter stellte mir viele Fragen: Ob ich bis zum Operationsraum mitgehen würde? Ob ihre Haare abgeschnitten würden? Ob sie nach der Operation behindert sein werde? Ob ich da sei, wenn alles vorbei sei? Und was ich machen würde, wenn sie doch stürbe? Ich versuchte in meinem grenzenlosen Schmerz, ihre Fragen bestmöglich zu beantworten. Irgendwann kam die

Schwester und gab Katharina ein Schlafmittel. Es dauerte nicht lange, bis Katharina schlummerte. Ich saß versteinert und wollte unbedingt die Nacht vor dem schweren Eingriff bei Katharina sein, ihr das Gefühl geben, dass sie nicht allein ist. In dieser Nacht habe ich kein Auge zugetan, viel nachgedacht und bei Katharina am Bett gewacht. Ich wusste nicht – sehe ich sie das letzte Mal schlafen und ein letztes Mal morgens aufwachen?

Als Katharina am nächsten Morgen erwachte, fragte sie mich, ob ich die ganze Nacht in dem Stuhl gesessen sei. Ich bejahte. „Du wolltest doch nicht allein sein. So war es doch abgemacht, weißt du nicht mehr?" „Doch, doch, Mam, aber du musst auch schlafen, sonst können wir das nicht schaffen. Das hast Du selbst immer zu mir gesagt. Und jetzt bist Du hoffentlich nicht müde an diesem großen Tag."

Sie setzte sich im Bett auf und sah zum Fenster hinaus, als wolle sie den Sonnenaufgang genießen. Und ganz leise sprach sie zu ihrem Schutzengel Alois: „Bitte Alois, hilf mir bei der Operation, denn ich bin mit Dir jetzt dann ganz allein. Und schau auch auf meine Mam, damit sie nicht so traurig ist und zu viel weint. Ihr Schutzengel Mind soll heute besonders nah bei ihr sein, dann ist sie auch nicht allein." Ich musste mich umdrehen, damit Katharina meine Tränen nicht sah. „Mam", sagte Katharina, die mein tränenüberströmtes Gesicht dennoch bemerkt hatte, „mach Dir keine Sorgen. Alois passt in der Zeit, wo du nicht bei mir sein kannst, auf. Verlass Dich darauf. Und Mind wird bei Dir sein, so sind wir beide nicht allein."

Dann kam mein Mann vom Hotel in die Klinik. Man merkte ihm deutlich an, dass auch er sehr wenig geschlafen hatte. Dunkle Augenränder zeichneten sich ab. Er wirkte sehr ernst und geschafft und wusste nicht so recht, wie er sich verhalten sollte. Schließlich kam die Schwester und bat mich, Katharina zu waschen und ihr das OP-Hemd anzuziehen. Ein Beruhigungsmittel wurde ihr verabreicht. Dadurch fiel Katharina alles nicht mehr so schwer. Von Minute zu Minute entspannte sich ihr Körper mehr und mehr und Zuversicht machte sich breit. Dann war es so weit. Bereits um sieben Uhr war Katharina für den Eingriff vorbereitet. Mein Mann und ich haben sie gemeinsam mit der Schwester bis zum Vorraum des Operationssaals begleitet. Noch einmal drückte ich sie ganz fest an mich und versicherte ihr, dass ich in Gedanken immer bei ihr sein werde. „Hab Mut, Mam, es wird schon werden. Ich bin doch noch klein und werde nicht sterben. Alois wacht über mich. Und glaube mir, wenn ich wieder aufwache, bin ich auch nicht blind, sondern erblicke gleich Dich. Dann wirst Du spüren, wie glücklich wir sein werden." Jetzt kam der Abschied. Es fiel mir unsagbar schwer, den Dingen einfach ihren Lauf zu lassen. Aber es gab nichts mehr zu tun. Die schwere OP-Tür schloss sich hinter Katharina und das Warten begann.

Einige Zeit war vergangen. Eine Ärztin kam und wollte uns ein Mittel zur Beruhigung geben. Außerdem müssten wir jetzt gehen. Die Operation werde etwa acht bis zehn Stunden dauern. Man empfahl uns, spazieren zu gehen, eine Kleinigkeit zu essen, uns abzulenken oder etwas zu schlafen, um Kraft zu tanken, damit wir den Tag gut überstehen. Man könne im Moment nicht mehr tun als abwarten, Vertrauen haben und sich nicht unnötig zermürben. Das würde zu nichts führen. Also verließen wir wie betäubt die Klinik, jeder von uns war in seine eigenen Gedanken versunken. Erstmal gingen wir ins Hotel zurück. Mein Mann wollte, dass ich eine dieser Beruhigungstabletten nahm, doch ich konnte nichts im Magen behalten und erbrach sie. Schließlich legte ich mich ermattet aufs Bett und versuchte Ruhe in meine Gedanken zu bringen. Doch auch das wollte mir einfach nicht gelingen. Mein Mann sagte, er werde etwas spazieren gehen, sich die Stadt ansehen. Ich war unfähig, irgendetwas zu tun, ließ ihn gehen und blieb im Zimmer zurück. Ich dachte, jeden Moment würde ich verrückt. Ich weinte und weinte, konnte mich nicht beruhigen.

Die schrecklichsten Dinge liefen in meinem Kopf ab. Konnte ich nun diesen Ärzten vertrauen? Wie wird es nachher weitergehen? Wird Katharina blind sein oder den Eingriff womöglich nicht überleben? So viele Gedanken jagten durch meinen Kopf. Meine Zuversicht nahm immer wieder ab und erschütterte meinen sonst so starken Glauben. Ich kam mir vor wie in einem Hamsterrad. Irgendwann stand ich auf und ging hinaus. Ich lief und lief, als hätte ich davonrennen können. Meine Fußsohlen brannten und meine Beine waren schwer. Bald hatte ich Blasen an den Füßen und sie schmerzten. In Abständen bin ich dann immer wieder ins Klinikum gegangen, um zu fragen, wie lange es noch dauern würde. Doch ich erntete nur ein Achselzucken und so lief ich weiter. So ging das den ganzen Tag. Meinen Mann konnte ich auch nirgendwo finden. Wahrscheinlich sind wir beide in verschiedene Richtungen gerannt und haben uns so aus den Augen verloren. Für jeden von uns wurde daraus eine endlose Leere.

Als wir uns dann um 21.30 Uhr mehr zufällig an der Klinik trafen, erklärte man uns, dass Katharina auf dem Weg zur Intensivstation sei. Wir könnten durch die Schleuse gehen und sie in wenigen Minuten sehen. Angespannt, was uns erwarten würde, gingen wir durch die Schleuse zum Desinfizieren, um dann endlich nach unserer Tochter sehen zu können. Als wir Katharina in ihrem Bett liegen sahen, liefen mir die Tränen über die Wangen und die ganze emotionale Anspannung des Tages fiel von mir ab. Katharina begrüßte uns gleich und sagte: „Mam, hallo, hat ja gar nicht lange gedauert. Schau, die Uhr steht auf 10.45 Uhr." Nur wusste Katharina nicht, dass es mittlerweile 22.45 Uhr war und die Operation mit allem was dazu gehörte, über 15 Stunden gedauert hatte. Doch das war jetzt nicht wichtig. Alles was zählte, war, dass sie lebte und ihr Augenlicht behalten hatte. Die kommenden Tage, so wurde uns erklärt, würden zeigen, inwieweit Schäden zu erwarten seien. Man könne es zum jetzigen Zeitpunkt noch nicht genau sagen, man müsse jetzt einfach abwarten.

Dann kam der Professor, der unsere Tochter operiert hatte und wollte nach Katharina sehen. Gleich fragte er sie, ob sie die Uhr da hinten sehe. „Ja", sagte Katharina, „ich kann Sie sehen". Da liefen dem Professor die Tränen übers Gesicht und er erklärte uns: „Es hätte passieren können, dass – wenn der Hirndruck nach der Operation wieder steigt – dadurch im Kopf die Sehnervenkreuzung reißt. Das hätte zu einer Erblindung beider Augen geführt. Man muss immer erst abwarten, das kann man während der Operation noch nicht erkennen und bei Katharina musste ich den Tumor von der Sehnervenkreuzung schälen. Diese ist so dünn wie eine Drachenschnur." Auch betonte er, dass diese Operation selbst für ihn als Neurochirurgen eine Herausforderung gewesen sei. Er hätte sogar geschwitzt, was sonst nicht vorkäme. Jetzt müsse man das histologische Ergebnis abwarten, das die genaue Zusammensetzung und die Struktur des Tumors aufzeigt. Dann könne man beurteilen, wie alt der Tumor bereits sei bzw. wann man ihn frühestens hätte erkennen können. Wir dankten dem Professor herzlich und vereinbarten einen Gesprächstermin für den Zeitpunkt, an dem das Ergebnis erwartet wurde.

Um Katharina nicht unnötig zu strapazieren, da sie jetzt unbedingt viel Ruhe brauchte, verabschiedeten wir uns und gingen ins Hotel zurück. Ermattet, aber glücklich ging ich erst einmal unter die Dusche. Dann legte ich mich ins Bett und schlief sofort ein. Es war ein tiefer, traumloser Schlaf.

Am nächsten Morgen gingen mein Mann und ich ins Klinikum, um nach Katharina zu schauen. Ganz mitgenommen lag sie in ihrem Bett, doch sie erklärte uns gleich: „Die Ärzte hier können sich nichts merken. Mam, stell Dir vor, alle paar Minuten kommen sie und fragen, wie ich heiße, wann ich geboren bin, wie meine Brüder heißen und wie alt sie sind, wie meine Adresse lautet und ob ich weiß wo ich jetzt bin, warum ich hier bin, wie Du heißt und wann Dein Geburtstag ist. So geht das alle paar Minuten. Da stimmt doch mit denen was nicht. Ich werde ihnen das nächste Mal sagen, sie sollen es aufschreiben, weil mir das auf die Nerven geht." Ich erklärte Katharina, dass das wichtig sei nach so einer Operation und dass die Ärzte sich das durchaus merken könnten. „Sie testen, ob Dein Gedächtnis in Ordnung ist und ob Du korrekte Antworten gibst." „Ach so", sagte Katharina, „dann ist es ja gut. Ich hab mich schon gewundert, warum sie mich immer so viel fragen und immer das gleiche wissen wollen". Mein Mann verabschiedete sich von Katharina und erklärte ihr, dass er am kommenden Wochenende wiederkommen werde, doch jetzt müsse er nach Hause fahren, um nach ihren Brüdern zu sehen und seiner Arbeit nachzugehen. „Ist gut, Pa", sagte Katharina, „wichtig ist, dass Mam bei mir bleibt, nach mir schaut und mit den Ärzten spricht, weil ich das doch nicht verstehe."

Ich blieb bei Katharina. Natürlich musste ich immer wieder einmal rausgehen, um ihr die wichtige und nötige Ruhe zu verschaffen. Auch ich musste versuchen, mich beim Spazierengehen zu entspannen, um Kraft zu tanken und Hoffnung zu schöpfen, da die kritische Zeit noch nicht vorbei war. Erst einmal hieß es abwarten. Katharina bekam sehr starke Medikamente und ihr ganzes Gesicht war zugeschwollen, da man ja den Tumor über die Stirn hatte entfernen müssen. Es wurde ein so genannter Bügelschnitt von einem Ohr zum anderen gemacht. Und das brauchte einige Zeit, um zu heilen. Weitaus wichtiger war, dass kein Hirndruck entstand und keine neurologischen Ausfälle eintraten.

Am dritten Tag, ich befand mich gerade bei Katharina im Zimmer, da verdrehte sie auf einmal die Augen und sackte weg. Sofort kamen mehrere Ärzte und versuchten, Katharina mit manueller Beatmung und Spritzen wieder zurückzuholen. Mir wurde ganz schlecht, ich schwitzte und die Tränen liefen mir unaufhörlich übers Gesicht. Katharina lag wie tot in ihrem Bett und bewegte sich nicht mehr. Ein Arzt versuchte es mit Herzmassage und sagte immer wieder: „Sie kommt nicht mehr". Ein anderer ermutigte ihn, weiterzumachen. „Sie darf uns jetzt nicht ins Koma fallen." Mir erschien die Zeit endlos, bis ich endlich wieder die grüne Linie auf dem Überwachungsmonitor sah und Katharina ihre Augen öffnete. Die Ärzte bemühten sich um Fassung, denn man spürte ganz deutlich, dass es verdammt knapp gewesen war. Eine Schwester kam, gab mir etwas zu trinken und sagte, ich solle ins Hotel gehen, um mich umzuziehen. Ich sei ja ganz nass geschwitzt. Auch etwas Ruhe würde mir gut tun. Ich solle mich etwas ausruhen und in ein paar Stunden wiederkommen. Katharina gehe es wieder gut und ich müsse mich nicht sorgen, denn in den ersten Tagen müsse man mit derartigen Krisen immer rechnen.

Ich verabschiedete mich von meiner Tochter, marschierte in mein Hotel und tat, was mir die Krankenschwester aufgetragen hatte. Mein ganzes Denken bestand nur aus Hoffen und Bangen. Ich fühlte mich in meinem Körper wie gefangen, konnte teilweise keinen klaren Gedanken fassen und wünschte mir nur, dass diese schwere, traurige Zeit bald ein Ende fände. Wie ein Film lief die letzte Stunde in meinem Kopf ab. Ich war unfähig zu Hause anzurufen, fühlte mich wie ausgebrannt und als sei mein Körper hohl. Jedes gesprochene Wort hallte noch in meinem Kopf. Ich musste versuchen Ruhe in meinen Kopf zu bringen, sonst konnte mir ein Abschalten und Ausruhen nicht gelingen.

Irgendwann schlief ich vor Erschöpfung ein und als ich aufwachte, galt wie so oft mein erster Gedanke Katharina. Ich ging unter die Dusche und versuchte durch Wechselbäder meinen Kreislauf in Schwung zu bringen. Aber irgendwie schien das nicht zu gelingen. Gegessen hatte ich auch schon tagelang nichts mehr, brachte einfach keinen Bissen hinunter. Jetzt musste der Verstand über die quälenden Gefühle siegen, sonst würde es nicht mehr lange dauern und ich würde auch in der Klinik liegen. Also holte ich mir eine Kleinigkeit zu essen, um etwas gestärkt zu Katharina gehen zu können und nach ihrem Befinden zu sehen.

Ganz ruhig lag Katharina da, war sehr blass, doch sie begrüßte mich mit einem Lächeln auf ihrem Gesicht und sagte: „Hallo Mam, du bist da, das ist ja wunderbar." Katharina hatte an den Vorfall keine Erinnerung. Deshalb fiel eine ungezwungene Unterhaltung nicht schwer. Ich war glücklich und unendlich zufrieden. Es ist ein Gefühl, das kann man mit Worten nur schwer beschreiben. Es fühlt sich an, als wenn der ganze Himmel mit Millionen Sonnenstrahlen leuchtet, als ob der Wind eine wunderschöne Melodie dazu singt und das Herz zum Hüpfen bringt. Im Bauch spürt man eine Wärme, die man nie zuvor gefühlt hat, und das Schönste daran: Diese Wärme breitet sich über den ganzen Körper aus. Man fühlt sich wie auf Watte gebettet und ist einfach nur begeistert, dass ein junges Leben gerettet wurde. Unendliche Dankbarkeit macht sich breit, man fühlt sich frei und ist einfach endlos glücklich.

Es dämmerte draußen bereits, als ich die Klinik verließ. Im Hotel angekommen, rief ich erst mal zu Hause an um wie jeden Tag Bericht zu erstatten. Ich erzählte, was sich heute ereignet hatte und sagte, dass ich glücklich und dankbar sei, doch dass es mir sehr schwer fällt, die ganzen Bilder aus meinen Kopf zu bringen und ich müsste mich richtig zwingen, um mich abzulenken, um nicht fortlaufend daran zu denken. Mein Mann sagte: „Das schaffst Du schon." Diesen Satz kannte ich zu gut, er kam meistens, wenn er sich mit Dingen nicht anfreunden konnte. Es war ihm lieber, ich kümmerte mich um ein Problem und aus solchen Situationen ist dann eben dieser Satz entstanden. Irgendwie konnte ich auch genau *diesen* Satz nicht mehr hören und versuchte das Gespräch vorzeitig zu beenden. Ich meinte nur, ich werde noch in die Innenstadt gehen und mir die Schaufenster ansehen.

Ich ging nachdenklich durch die herannahende Nacht und dachte nach. Egal, was bei uns zu Hause auch immer los war, bei Sorgen kamen alle zu mir, weil ich ja erfahrungsgemäß meist eine Lösung hatte und wenn nicht, versuchte ich eine zu finden. Aber an diesem Abend konnte ich nicht abschalten. Zu schockierend war das Erlebte von heute, dem nahen Tod in die Augen zu sehen. Irgendwann setzte ich mich ermattet auf eine Bank. Wie durch Watte hörte ich Jugendliche, die sich auf einem Kinderspielplatz vergnügten. Es fiel mir sehr schwer positiv zu denken. Obwohl ich Katharina immer sagte, sie solle die positive Seite sehen, saß ich auf dieser Bank und fühlte mich elend und krank. Mir schien, als weiche jegliche Energie aus mir, fix und fertig mit der ganzen Welt saß ich da.

Ich weiß nicht mehr, wie lange ich so gesessen bin. Ich merkte nur noch, dass mir schwindlig wurde und dann war ich plötzlich weg.

Als ich wieder zu mir kam, blendete mich helles Licht. Dann wurde mir bewusst, dass ich mich in einem Krankenhaus befand und der Arzt sah mich fragend an. Ich hätte Glück gehabt, sagte er, die Jugendlichen vom Spielplatz wollten gerade nach Hause gehen und sahen mich neben der Parkbank liegen. Sie hätten sofort den Notarzt verständigt und deshalb sei ich nun hier. Ich hatte einen Kreislaufzusammenbruch und ich dürfe mich nicht so aufregen, das könnte durchaus mal schief gehen. Der Arzt fragte mich, was mich denn so aus der Fassung gebracht habe und ob ich sonst auch mit dem Kreislauf Probleme hätte. Ich verneinte und erzählte ihm, was ich heute miterleben musste und dass mir das sehr zu schaffen machte. Ich erzählte ihm von meiner furchtbaren Angst, meine Tochter könnte das alles nicht überstehen und wie sollte ich dann weiterleben. Die Vorstellung, dass Katharina nicht mehr bei mir wäre, würde über meine Kräfte gehen.

Alles, was sich über die Jahre aufgestaut hatte, wollte nun heraus. Dass mir niemand glauben wollte und dass ich jetzt hier bin mit Katharina, um zu hoffen, dass alles gut gehen wird. Der Arzt nahm meine Hand und forderte mich auf, mich ihm anzuvertrauen, er gäbe keinen Anlass mir nicht zu glauben. So berichtete ich ihm von den letzten sieben Jahren, die von Angst und Sorgen geprägt waren. Dass ich nirgends Hilfe fand und niemand mich verstand. Und heute sei mir mein Alleinsein so richtig bewusst geworden und dass es in meinem Leben niemanden gab, dem ich alles anvertrauen konnte. Dass niemand da war, der mir half die Verantwortung mit zu tragen, stattdessen erntete ich Tadel und Ablehnung. Ich sei jetzt an einem Punkt, wo ich nicht mehr wisse, wie es weiter gehen soll. Der Arzt sah mich an und hielt, während ich erzählte, immer noch meine Hand. Er wisse, wie schwierig das alles sei und er machte auch keinen Hehl daraus, es sei noch lange nicht vorbei. Ich könne jederzeit zu ihm kommen, wenn ich jemanden zum Reden brauche. Er werde sich für mich Zeit nehmen, um mir Erleichterung zu verschaffen, wenn von zuhause keine Hilfe zu erwarten sei.

Ich versuchte ihm noch zu erklären, dass zuhause sich keiner je wirklich Gedanken gemacht habe, sondern dass alle den inkompetenten Ärzten Glauben geschenkt hätten. Deshalb sei es nun für den Rest der Familie besonders schwer die Wahrheit zu ertragen. Ich fragte den Arzt, ob ich in mein Hotelzimmer zurückgehen könne, wenn die Infusion durchgelaufen sei. Denn ich finde hier keine Ruhe und ich fühle mich schon besser. Doch er wollte es erst erlauben, wenn mein Kreislauf stabil genug sei und das könne schon noch zwei bis drei Stunden dauern, ich solle hier in der Notaufnahme liegen bleiben und er wird immer wieder mal nach mir schauen. Und falls mit meiner Tochter etwas sei, könne er sich danach erkundigen, es sei ja das gleiche Haus.

So lag ich da und dachte unentwegt nach. Wie im Zeitraffer liefen wieder einmal die vergangenen sieben Jahre vor meinem geistigen Auge ab. Ich spürte auch, wie sich die traumatischen Erfahrungen meiner Kindheit als ein roter Faden durch mein Leben zogen. Die Neunjährige in mir war ein treuer Weggefährte. Sie ließ nicht locker in ihrem Erleben. Das grundlegende Misstrauen gegenüber den Menschen, das Gefühl der Angst und des Alleinseins, die Bürde alle Verantwortung allein tragen zu müssen.

In den frühen Morgenstunden durfte ich dann die Klinik verlassen und bin gleich ins Hotel gegangen. Ich legte mich noch kurz ins Bett, um ein paar Stunden zu schlafen, denn ich wollte ja erfrischt wieder nach Katharina sehen. Aber nachdem ich nur einige Zeit vor mich hin gedöst hatte, stand ich wieder auf, um etwas zu frühstücken. Ich konnte es mir nicht erlauben, noch einmal schlapp zu machen. Das passte auch nicht in mein tief verankertes Selbstverantwortungsgefühl.

10. Kapitel

Dankbar sein im Leben,
als Mensch seine Liebe geben.
Alles bewusst erleben
und niemals aufgeben!

Es kam für Katharina der große Tag. Sie wurde auf die normale Kinderstation verlegt und ich konnte den ganzen Tag mit ihr sein. Eine Ergotherapeutin übte mit ihr, damit sie das Laufen wieder erlernte und selbstständig essen konnte. Katharina wurde von Tag zu Tag beweglicher, auch wenn sie noch etwas Hilfe brauchte. Man konnte absehen, dass sie sich mit jedem Tag mehr und mehr erholen würde und was uns alle unermesslich erfreute: Sie hatte diese fürchterlichen Kopfschmerzen nicht mehr! Natürlich war der Wundschmerz der Operation noch vorhanden, aber er war nicht zu vergleichen mit den vorherigen Schmerzen und das gab Katharina die Kraft, für ihre Gesundheit zu kämpfen. Immer wieder einmal gab es kleinere Zwischenfälle und Rückschläge, aber wir bauten uns dann gegenseitig auf und achteten darauf, positiv zu denken, um das Ganze in eine lebenswerte Richtung zu lenken. Zwischendurch bekamen wir an den Wochenenden Besuch von zu Hause und unternahmen dann kleine Spaziergänge im Klinikpark, soweit es Katharinas Gesundung zuließ. Das machte ihr Spaß. Sie erholte sich relativ gut und war frohen Mutes, nun ein neues Leben ohne ständige Schmerzen zu beginnen. Sie konnte es anfangs gar nicht fassen. Erst jetzt wusste sie, wie sich ein Leben ohne Kopfschmerzen anfühlte. Mittlerweile konnte sie auch wieder lachen und manchmal strahlte sie übers ganze Gesicht. Die größte Freude hatte sie, als mein Mann und meine Mutter ihren geliebten Hund Hexi nach einigen Wochen mitbrachten. Das war für sie das Gefühl von Weihnachten.

Genau zwei Wochen nach der Operation bat mich der Oberarzt zu sich in sein Besprechungszimmer, um die Ergebnisse durchzugehen. Als erstes sagte er, dass es dem Professor gelungen sei, den Tumor vollständig zu entfernen, dass aber gleichzeitig ein Großteil des Hypophysenvorderlappens hätte entfernt werden müssen. Der Tumor sei mindestens neun Jahre im Gehirn gewesen und die ersten Jahre sehr langsam gewachsen, bevor er sich mehr und mehr vergrößert habe. Er sei gutartig. Allerdings könne er laut Statistik immer wieder kommen. Doch wie gesagt, habe der Professor den Tumor restlos entfernen können. Ein Wiederauftreten sei sehr unwahrscheinlich, festlegen könne man aber sich nicht. Nun müsse man Katharina alle Hormone, die im Hypophysenvorderlappen produziert würden, künstlich zuführen. Das sei lebensnotwendig, betonte der Arzt. Dann erklärte er mir, dass die Einstellung der Medikamente sehr genau auf Katharina abgestimmt werden und sie diese Medikamente ein Leben lang einnehmen müsse. Je älter sie werde, umso öfter müsse man die Dosierung ihrem Gewicht und ihrem Alter anpassen. Ein Wachstumshormon solle eingesetzt werden, damit Katharina die Normalgröße erreiche, dann ein Schilddrüsenhormon, ein Medikament, das den Wasserhaushalt reguliere, desweiteren ein Hormon, das der Gegenspieler vom Adrenalin sei, sowie die weiblichen Hormone Östrogen und Gestagen. Das werde ihr Leben sichern. Dann erwähnte er noch, dass über ein Jahr Cortison zum Einsatz kommen müsse, das eine eventuelle Hirnschwellung sowie eine unvorhersehbare Stresssituation auffangen könne. Der Nachteil liege darin, dass Katharinas Körpergewicht rapide anstiege.

Erst einmal wusste ich überhaupt nicht, wie ich diese Informationen werten sollte. Wichtig war für mich, dass Katharina leben konnte. Als ich mich im Sprechzimmer einigermaßen gefangen hatte, sprach der Oberarzt ganz ruhig weiter, um meine restlichen Wissenslücken zu schließen.

Im kommenden Jahr sei eine Operation der Augen unumgänglich. Katharina habe zwar ihre Sehschärfe behalten, aber das räumliche Sehen habe bei der großen Operation nicht korrigiert werden können. Das müssten die Spezialisten der Augenklinik versuchen. Ob es gelänge, müsse man abwarten. Auch das Gesichtsfeld sei weiterhin eingeschränkt und werde sich nie mehr bessern. Es bliebe bei dem schon bekannten Tunnelblick. Dann sagte der Arzt, er wisse sehr wohl, dass das im Moment etwas viel für mich sei, doch ich solle weiterhin positiv nach vorne schauen. Er kündigte mir an, ich würde den aufwendigen Medikamentenplan mit nach Hause bekommen und falls ich damit Schwierigkeiten hätte, könne ich jederzeit anrufen. Hier werde mir weitergeholfen. So verabschiedete er mich und ich ging erst einmal an die frische Luft, um meine Gedanken zu ordnen und mir bewusst zu werden, was auf Katharina und den Rest der Familie zukam. Vorerst hatten die Genesung von Katharina und die optimale Einstellung der Medikamente absoluten Vorrang.

Bald ging ich wieder zum Klinikum zurück, um nach Katharina zu sehen. Nach einigen Tagen stellte man bei Katharina eine weitere Komplikation fest. Hirnwasser trat aus der Wunde und sofortiges Handeln war angesagt. Der diensthabende Arzt erklärte mir, das könne nur von einem Nadelstich kommen, der sich nicht geschlossen habe. Er müsse den Kopf noch einmal öffnen, um die lecke Stelle zu schließen. Ich merkte nur an, dass bei einem erneuten Eingriff doch wieder Nadelstiche nötig wären, die sich dann möglicherweise auch nicht schließen würden. Sofort ging ich zum Oberarzt, der Katharina den Schädel geöffnet hatte und erzählte von den momentanen Schwierigkeiten. Er kam mit mir auf die Station, um sich selbst ein Bild zu machen. Und er entschied, um den ganzen Kopf herum bis zum Hals einen Druckverband anzulegen. Denn wo Druck sei, müsse man mit Gegendruck arbeiten. Wenn sich die lecke Stelle nach drei Tagen nicht geschlossen habe, werde er einer erneuten Öffnung des Kopfes zustimmen. Er appellierte an seine Kollegen, dass man dem Körper die Zeit und die Möglichkeit geben müsse, seine Selbstheilungskräfte zu mobilisieren. Es wurde ein Druckverband angelegt, jeden Tag gewechselt und das Ergebnis kontrolliert. Für Katharina war es eine Tortur, denn wir hatten 30 Grad im Schatten und unter dem Verband juckte es höllisch.

Mit dem Essen gab es auch Probleme, da sie den Mund ja nur bedingt öffnen konnte. Nur das Trinken mit Strohhalm fiel unter diesen Umständen leicht. Als sich nach drei Tagen herausstellte, dass der Druckverband Erfolg brachte, entschied man, ihn mindestens vierzehn Tage zu belassen, um ganz sicher zu gehen, dass sich die lecke Stelle im Stirnknochen geschlossen hatte. So waren auch die folgenden Wochen wieder mühsam und Katharina jammerte über die Hitze und den Juckreiz. Ich versuchte sie abzulenken, beruhigte sie damit, dass wenigstens keine erneute Operation notwendig sei. Meiner anfänglichen Erleichterung über die gelungene Operation wich wieder sorgenvollen Gedanken. Immer wieder mahnte ich mich an das Gute zu glauben und an eine Genesung, mit der Katharina „fast" normal leben konnte. Dann kam der Tag, an dem der Druckverband endgültig abgenommen wurde. Die Ärzte lobten Katharina, da sie sehr tapfer gewesen sei, worauf sie antwortete: „Was hätte ich denn auch machen können?" Der Oberarzt teilte ihr mit, dass sie die kommenden Tage entlassen werden könne. Das war für Katharina die größte Belohnung für all die Strapazen.

Am Vorabend der Entlassung war Katharina aufgeregt und freute sich schon sehr auf zu Hause. Wir telefonierten mit meinem Mann, der uns abholen sollte. An diesem Abend ging ich früher als sonst in mein Hotelzimmer. Sonst war ich ja von sieben Uhr morgens bis 22 Uhr abends bei Katharina. Doch an diesem letzten Abend wollte ich mich von den wochenlangen Strapazen etwas erholen. Als ich mich von Katharina verabschiedete, gab sie mir mit auf den Weg: „Mam, ohne Dich hätte ich das nie geschafft. Ich liebe Dich mehr als alles auf dieser Welt." Ich konnte gar nicht gleich antworten, so fassungslos war ich über ihre Worte, ging noch einmal an ihr Bett, drückte sie fest an mich und verließ dann die Klinik mit dem Versprechen, dass ich gleich morgen früh kommen werde, um zu packen. Vom Hotelzimmer aus telefonierte ich noch einmal nach Hause und erzählte, wie aufgeregt Katharina sei. Mein Mann hatte mit Stefan und Michael den von Katharina schon lange ersehnten Schaukelstuhl besorgt. Auch eine Willkommensparty war organisiert und ihr Kinderzimmer war auf die Nordseite verlegt worden, da die Südseite, so betonten die Ärzte, für

Katharina nachteilig sei, wenn sich das Zimmer während des Sommers zu sehr aufheizen würde.

Der Tag der Abreise kam. Mir wurde der Medikamentenplan erklärt und gleich ein Termin für die erste Kontrolluntersuchung vorgeschlagen. Ich habe Katharina noch nie so strahlend und glücklich gesehen. Zum ersten Mal weinte ich Tränen der Freude und der Erleichterung. Jetzt hieß es, nach vorne schauen, dankbar sein und Zufriedenheit erreichen, die man durch nichts ersetzen kann. Als mein Mann kam, packten wir auch gleich die Koffer ins Auto und verabschiedeten uns mit tief empfundener Dankbarkeit. Zu Hause hing eine Girlande über der Eingangstür: „Willkommen". In der Küche stand der Schaukelstuhl mit einem riesigen Teddybären darauf. Katharina freute sich so sehr über ihre Geschenke. Wir wollten die entspannte Situation einfach nur genießen und setzten uns in der Küche gemütlich zusammen, tranken Tee und Limonade und genossen die heitere Atmosphäre.

Am nächsten Tag kamen einige Mitschüler von Katharina, um sie zu besuchen und ihr ein kleines Präsent zu bringen. Das war dann leider auch der erste und letzte Besuch ihrer Mitschüler. Sie hatten enorme Ängste, Katharinas rasierten Kopf anzuschauen und auch mit der inzwischen schon starken Gewichtszunahme konnten sie nicht umgehen. Außerdem benötigte Katharina noch viel Ruhe und Schlaf. Ihr damaliger Lehrer hatte auch noch eine Überraschung für sie. Nachdem ihr Notendurchschnitt im ersten halben Jahr gut gewesen war und die Proben, die sie vor der großen Operation geschrieben hatte, alle gut verlaufen waren, stand einer Versetzung in die siebte Klasse nichts entgegen. So wurde Katharina im Nachbarort an der Hauptschule angemeldet.

Einen Tag vor dem offiziellen Schulbeginn ging ich zur zuständigen Rektorin, um Katharinas Krankheitsverlauf zu schildern und dass es für meine Tochter sehr wichtig sei, in die Schulklasse ihrer Mitschüler des letzen Schuljahres zu kommen. Die Rektorin erklärte mir, ich müsse das mit der zuständigen Klassenlehrerin klären. Also ging ich ins Lehrerzimmer und bat diese um ein Gespräch. Was ich da zu hören bekam, ließ wieder einmal jeden Glauben an Mitgefühl und Menschlichkeit gänzlich schwinden.

Meine Tochter wurde tatsächlich in einer Klasse untergebracht, in der sie keinen ihrer neuen Klassenkameraden kannte. Zu allem Leid war der Stundenplan auch noch so ausgelegt, dass Katharina keinen Anschluss an den Schulbus hatte. Meine Argumentation, dass Katharina unbedingt den sozialen Kontakt zu den ehemaligen Mitschülern brauche, interessierte die Pädagogin nicht. Ich solle morgen noch einmal kommen und in die Parallelklasse gehen, wenn sich dort ein Schüler bereit erklärte, mit Katharina die Klasse zu tauschen, dann würde sie zustimmen. Deutlich gab sie mir zu verstehen, die Norm, sprich 22 Schüler pro Klasse, müsse aufrechterhalten werden. Da ich nicht wollte, dass sich ein anderer für Katharina opferte, ging ich auf diesen Vorschlag nicht ein. Selbst mein Hinweis, dass sich die neue Klasse von Katharina im 2. Stock befinde, die vertraute Klasse aber im 1. Stock untergebracht sei, was Katharina die Sache erleichtern würde, interessierte die engstirnige Pädagogin nicht im Geringsten. Als Abschlusskommentar gab sie mir noch mit auf den Weg, ich solle Katharina endlich loslassen! Und ganz gleich, wie schwer die vorausgegangene Operation auch gewesen sei, Katharina müsse schnellstens lernen, mit der Gesamtsituation zurechtzukommen! Obwohl meine Tochter noch eine weitere schwere Operation im Frühjahr 1999 vor sich hatte, ließ sich diese hartherzige Pädagogin nicht erweichen. Jedes meiner Argumente tat sie mit einer eindeutigen Handbewegung ab.

Wir hatten keine Wahl, Katharina kam in eine fremde Klasse, wo jeder jeden kannte und sie wie bei einem Würfelspiel einfach dazu geworfen wurde. Jugendliche können grausam sein. Das spürte sie mit jedem Tag mehr. Die Mitschüler hänselten sie und hängten ihre Jacke an den obersten Haken, den Katharina aufgrund ihrer kleinen Körpergröße nie erreichen konnte. In den Pausen stand sie allein, da sie bei den ehemaligen Mitschülern keinen Anschluss mehr bekam.

Eines Tages kam sie blutend nach Hause und ich fragte, was denn passiert sei. Sie erklärte mir, dass man ihr die Mütze vom Kopf gerissen und sie mit eisigen Schneebällen beworfen habe. Erst dann brach aus ihr heraus, was sich in den letzten Monaten seit Schulbeginn alles zugetragen hatte. Die Lehrerin schimpfe sie ständig, sie solle sich endlich zusammenreißen und nicht so wehleidig tun. Die Mitschüler nahmen ihr ständig Dinge weg und legten sie auf die Tafel, von wo sie die Sachen dann nur wieder herunterholen konnte, indem sie auf einen Stuhl stieg. Auch die vom Arzt vorgeschriebene Kappe, die sie zum Schutz des Bohrlochs und der großen Narbe immer tragen musste, durfte sie nicht verwenden. Die Lehrerin bestand darauf, dass sie diese während des Unterrichts abnahm. „Warum hast du mir denn das nicht früher erzählt?", fragte ich Katharina und ihre Antwort darauf war: „Wenn du Dich beschwerst, Mam, dann ärgern mich alle noch mehr."

Mir reichte es, ich fuhr sofort zur Schule und stellte die Klassenleiterin von Katharina zur Rede. Wie so etwas sein könne und weshalb sie die Mitschüler nicht entsprechend aufkläre. Mehr als deutlich gab ich ihr zu verstehen, dass sie ihrer Obhutspflicht nicht annähernd nachkomme und dass ich beim zuständigen Schulamt eine Dienstaufsichtsbeschwerde einreichen würde, falls sie noch einmal derartig versage. Die Lehrerin entschuldigte sich damit, dass sie nicht alles mitbekäme. Doch auf meine Frage, warum sie Katharina dazu gezwungen habe, ihre Kappe abzunehmen, die als Schutz für ihren Kopf diente, meinte sie nur: „Das habe ich nicht so eng gesehen, denn im Zimmer kann doch nichts passieren." Und im Übrigen seien wir ja nicht in der Türkei, schickte sie noch hinterher. Dass sie Katharina dadurch diskriminierte, schien sie nicht zu interessieren. Beim Verlassen des Zimmers wünschte ich ihr nur „das Beste" und vor allem Gesundheit, die es bekanntlich nur einmal gebe.

Als ich nach Hause kam, setzte ich mich gleich mit dem Träger einer Montessorischule in Verbindung und schilderte den Fall. Wir bekamen einen Termin, bei dem man uns die Schule zeigte und die Methode erklärte, nach der dort gearbeitet wurde. Katharina fühlte sich dort verstanden und gut aufgehoben und so entschieden wir uns für einen Wechsel in diese Privatschule. Daraufhin wurde Katharina auf die Warteliste gesetzt. Sobald ein Platz frei sei, würde ich verständigt und meine Tochter könne aufgenommen werden. Mir war es egal, dass es sich um eine Privatschule handelte, die mit Kosten verbunden war. Wichtig war einzig und allein, dass für Katharina eine akzeptable Lösung gefunden wurde, die ihren Genesungsprozess nicht unnötig erschwerte. Immer häufiger kam es vor, dass Katharina wieder über Kopfschmerzen klagte und nun zusätzlich psychisch sehr angeschlagen war. Jeder Tag in der Hauptschule wurde zur Tortur. Endlich kam der lang ersehne Anruf der Montessorischule, dass für Katharina zum Halbjahreswechsel ein Platz frei sei. Als ich Katharina davon berichtete, war ihr die Erleichterung mehr als deutlich anzusehen. So meldete ich meine Tochter in der Hauptschule ordnungsgemäß ab und in der privaten Schule an. Dort fand Katharina schnell Anschluss und auch die Lehrer gaben ihr Bestes. Endlich pendelte sich ein einigermaßen normales Leben ein. Nicht nur Katharina, auch die ganze Familie wurde damit etwas entlastet, denn wir wussten, dass Katharina im folgenden Monat die schwierige Augenoperation vor sich hatte. Eine erneute schwere Zeit kam auf uns zu.

Ich fuhr mit Katharina zu den Voruntersuchungen zur Augendiagnostik in die Landeshauptstadt. Wieder wurden verschiedene Tests gemacht, die im Grunde überflüssig waren. Sie bestätigten einfach nur, was in der Augenklinik in Mittelfranken bereits diagnostiziert worden war. Dann musste Katharina in die so genannte Goldmannkugel, bei der das Gesichtsfeld ausgemessen wird. Es war die letzte nötige Untersuchung für die bevorstehende Operation. Ein Mediziner japanischer Nationalität wurde beauftragt, die Untersuchung durchzuführen. Er bat Katharina auf dem Stuhl Platz zu nehmen. Ihr Kinn solle sie auf die dafür vorgesehene Auflage legen und die Stirn fest gegen den angebrachten Bügel drücken. Dann deckte er ein Auge mit einer Augenklappe ab und erklärte ihr: „Ich gebe Dir nun einen Stick, und jedes Mal, wenn du einen Punkt siehst, drückst du. Hast Du das verstanden?“ hakte er nach. Katharina bejahte, da sie diese Art der Untersuchung schon kannte. Immer wieder forderte der Augenarzt Katharina auf, zu drücken. Aber Katharina erwiderte, sie solle doch nur drücken, wenn sie einen Punkt sehe. Sie sehe aber keinen Punkt. „Also noch einmal von vorne“, sagte der Arzt. Wieder das gleiche. Das ging einige Male so hin und her und irgendwann rannte er um die Goldmannkugel herum, packte Katharina am Arm und schüttelte sie, forderte sie auf, endlich das zu tun, was er wollte. Katharina fing an zu weinen und er schüttelte sie noch mehr. Da bin ich auf ihn zu, packte ihn an seinem Kittel und zog ihn von Katharina weg. Mit meiner ganzen Kraft drückte ich ihn in eine Ecke und sagte: „Wagen Sie es noch einmal meine Tochter anzufassen und ich garantiere für nichts mehr. Wenn Sie bis jetzt nicht gemerkt haben, dass es bei dieser Untersuchung genau darum geht, festzustellen, inwieweit das Gesichtsfeld eingeschränkt ist, dann weiß ich auch nicht, was Sie gelernt haben. An den vorliegenden Voruntersuchungen kann man erkennen, dass Katharina an einem Tunnelblick leidet und die Punkte erst erkennen bzw. sehen kann, wenn diese direkt vor ihrem Auge sind.“

Für Katharina war die Untersuchung gelaufen. Sie weinte und weinte und fragte mich, warum die Menschen so grausam seien. Daraufhin wurden wir zum zuständigen Professor der Augenklinik gebracht. Er entschuldigte das Verhalten seines Assistenzarztes und versicherte, er werde Katharina höchstpersönlich operieren und sie brauche keine Angst zu haben. Doch Katharina erklärte ihm, sie werde sich hier auf keinen Fall operieren lassen. „Meine Mam wird mich nach Mittelfranken fahren. Den Ärzten dort vertraue ich, und die sind alle nett, und keiner schüttelt einen da durch für etwas, für das man gar nichts kann." Mit nichts ließ sich Katharina von ihrem Entschluss abbringen. So fuhr ich mit ihr wieder heim und setzte mich mit dem Kopfklinikum Mittelfranken in Verbindung, um einen Operationstermin auszumachen.

Nun lief alles völlig problemlos. Eine Woche später fuhren wir zu den angesetzten Voruntersuchungen nach Mittelfranken. Bei diesem Aufenthalt entschied man sich aber doch gleich für die erforderliche Operation. Ich telefonierte nach Hause und gab meinem Mann Bescheid, dass Katharina am kommenden Morgen operiert werden sollte. Ob ich das allein schaffen würde, fragte er. Er hatte ja mit einer sofortigen Augenkorrektur nicht gerechnet und konnte zu Hause nicht so einfach weg. „Wir werden das schon schaffen und für diese Operationseinwilligung reicht die Unterschrift eines Elternteils, da ja alles andere bei der großen Operation schon im Aufklärungsgespräch berücksichtigt wurde", sagte ich ihm.

Katharina sollte am kommenden Tag operiert werden, doch der schlimme Fahrradunfall eines anderen Kindes musste als Notfall eingeschoben werde. Katharinas Operationstermin wurde um einen Tag verschoben, dennoch war es sehr belastend für sie mit ihren vielen Medikamenten. Jedes Mal musste bei einer anstehenden Operation ein ganz speziell auf sie zugeschnittenes Narkoseverfahren angewendet werden, um zu verhindern, dass sie ins Koma fiel. All diese Dinge bereiteten uns Sorgen, denn ein Restrisiko bestand noch immer. Das konnte auch die moderne Anästhesie nicht ausschließen.

Zu unserem Glück verlief die Augenkorrektur komplikationslos. Leider konnte das so erhoffte Ergebnis nicht erzielt werden. Der Schielwinkel konnte zwar korrigiert werden und auch das räumliche Sehen wurde verbessert, nur das Sehen mit beiden Augen gleichzeitig konnte man nicht erreichen. Katharina konnte also immer nur ein Auge auf Personen richten, mit denen sie sprach, oder auf Dinge, mit denen sie sich beschäftigte. Die Ärzte gaben uns wenig Hoffnung, dass sich das noch ändern würde. Wenn sich in den nächsten Tagen, vielleicht auch in zwei bis drei Wochen, nichts täte, müsse Katharina mit dieser Einschränkung leben. Nach zehn Tagen Krankenhausaufenthalt fuhren wir wieder nach Hause. Für Katharina war es sehr schlimm, denn sie wusste genau, so konnte sie niemals einen Führerschein machen. Auch das „Wegrutschen" des jeweils nicht beteiligten Auges war ein für sie schwer wiegender Schönheitsfehler.

Katharinas Patin Kathrin schenkte ihr einen zweiten kleinen Hund, um ihr eine Freude zu machen. Katharina liebte Hunde und nachdem Hexi schon älter war, bot es sich durchaus an, einen zweiten dazu zu nehmen. Dieser Hund bekam den Namen Pepsi und ist bis heute Katharinas absoluter Liebling. Doch auch Hexi und Pepsi konnten Katharina nicht richtig von ihrem Kummer mit den Augen befreien. Ich litt mit ihr, lange dachte ich nach, was wir machen könnten. Irgendwann kam mir eine Idee: wenn ich ihr immer ein Auge mit einer Augenklappe verdeckte, so würde sich das Wegrutschen des verdeckten Auges erübrigen. Also besorgte ich eine passende Augenklappe und verdeckte immer im Wechsel ein Auge. Nachdem sich über Wochen nichts tat, ließ ich die Augenklappe wieder weg und ersetzte sie durch eine gelöcherte Augenklappe, um zu sehen, wie das Auge bei nicht komplettem Verdecken reagierte. Sehr bald merkte ich, dass das Auge hinter der gelöcherten Augenklappe nicht wegrutschte. Also wechselten wir immer wieder und irgendwann ließ ich die Klappe ganz weg.

Ich weiß es noch ganz genau, wir waren im Auto unterwegs und standen an einer ziemlich unübersichtlichen Stelle. Auf einmal sagte sie: „Mam, jetzt kann ich meine Augen nicht mehr umschalten“. Zuerst erschrak ich, denn ich wusste nicht, wie sie das meinte. Ich hielt an und fragte noch einmal genau nach. „Schau Mam, jetzt rutscht kein Auge mehr weg.“ Wir umarmten uns und weinten beide vor Freude und Katharina sagte zu mir: „Du Mam, wir sind schon ein starkes Team. Morgen müssen wir sofort in der Augenklinik anrufen, um Bescheid zu geben.“ Das tat ich dann auch und die Professorin, die Katharina operiert hatte, konnte es kaum glauben. Das sei nach mehr als sechs Monaten normalerweise nicht mehr zu erwarten gewesen. Nachdem die nächste Kontrolluntersuchung im Kopfklinikum sowieso anstand, vereinbarten wir gleich auch einen Termin in der Augenambulanz. Bei der Kontrolluntersuchung konnten die Ärzte das Ergebnis unserer Bemühungen gar nicht fassen, doch ich sage immer: „Nicht aufgeben, weiter streben und nicht vergessen, dabei mit positiven Gedanken zu leben.“ So hatten wir auch diese Hürde genommen. Wir fühlten uns sicher, wir würden den vorgegebenen Weg weitergehen und mit Hilfe der Intuition und dem in uns tief verwurzelten Glauben noch so manchen Kampf kämpfen, ohne den Kopf dabei zu senken.

Jetzt musste Katharina erst einmal zur Anschlussheilbehandlung, um sich von den körperlichen und den seelischen Strapazen zu erholen. Dann hieß es abwarten, wie sie sich entwickelte mit diesen vielen Medikamenten. Es stimmte mich nachdenklich, dass Katharina immer mehr an Körpergewicht zunahm und die zuständige Endokrinologin das Hydrocortison nicht reduzieren wollte. Mittlerweile hatte Katharina auch schon eine vergrößerte Leber und das Bindegewebe begann zu reißen. Wieder bat ich um einen Gesprächstermin, um mit der Endokrinologin diese Probleme zu besprechen. Sie bot mir nur eine minimale Reduzierung des Medikaments an. Mehr könne sie nicht für uns tun, ich solle mich damit abfinden, dass in diesem speziellen Fall die hohe Gabe von Hydrocortison erforderlich sei. Ich fragte, wie sie zu dieser Behauptung käme, da man doch in Katharinas Blut durchaus Spuren dieses Hormons gefunden habe und Katharina demnach wohl eine gewisse Menge davon selbst produziere. Meine Schlussfolgerung war: Man brauchte ihr dann doch nur noch die fehlende Menge zu geben. Die Ärztin erwiderte, diese Verantwortung könne sie nach all dem, was damit schon schief gelaufen sei, nicht übernehmen.

Ich gab ihr zu verstehen, dass ich mich nach einem Endokrinologen umsehen würde, der die Verantwortung und das nötige Verständnis für die Problematik habe. Für ihr Erkennen des Tumors sei ich ihr dankbar, doch so könne es nicht weitergehen, dass Katharina immer dicker werde, die Gelenke mit der Zeit in Mitleidenschaft gezogen würden und die nächsten Beschwerden vorprogrammiert seien. In Mittelfranken hatte man mir erklärt, dass das Hydrocortison langsam ausgeschlichen werden könne und am Ende nur noch eine gewisse Erhaltungsdosis notwendig sei.

Tatsächlich fand ich in einer anderen Kinderklinik einen verständnisvolleren Spezialisten. Jetzt ging es von vorne los, Katharinas Hormongerüst neu einzustellen. Viele Tests waren dafür nötig und sie musste für einige

Tage in der Klinik bleiben. Dieser aufwendige Medikamentenplan mit den ganzen Ersatzhormonen musste ganz genau befolgt werden. So wurde das Hydro-Cortison ganz langsam ausgeschlichen, andere Medikamente wurden hinzugenommen, die den Wasserhaushalt regeln sollten. Verschiedene Tests waren erforderlich, ob das mit der Umstellung klappen würde, da Katharina das körpereigene Hormon zum Schutz vor körperlichem und psychischem Stress nicht mehr eigenständig produzierte. Sie musste immer, egal wo sie auch war, die Notfalltabletten dabei haben. Auch der Rest der Familie hatte diese Tabletten, egal ob im Auto oder in erreichbarer Nähe und ich wurde dahingehend aufgeklärt, dass dies für Katharina das ganze Leben lang gelten sollte.

Diese Nachricht kannte ich schon, denn sie war die erste wichtige Information nach der Operation. Weitaus schwieriger gestaltete es sich, diese Notwendigkeit an die Familienmitglieder weiterzugeben. Es war absolutes Neuland für meinen Mann und Katharinas Brüder. Doch wenn man das bei Stress nicht ganz genau befolgen würde, so könnte Katharina ins Koma fallen. Also bekam jeder in unserer Familie einen Notfallausweis mit den dazugehörenden Tabletten. Jeder wusste, was im gesetzten Fall zu tun sei. Außerdem wurde für jeden ein Handy angeschafft, damit jederzeit und überall einen Arzt erreicht werden konnte. Wir waren vorbereitet, dennoch war es besonders schwierig, immer Katharinas Stresspotenzial richtig einzuschätzen, um im gesetzten Fall rechtzeitig einzuschreiten. Man benötigte enormes Einfühlungsvermögen und meinem Mann sowie auch Stefan und Michael fiel es oft schwer, die Situation richtig ein- und abzuschätzen. Ich versuchte, egal wo ich auch hinfuhr,

Katharina mitzunehmen, denn ich kannte die Dosierung in- und auswendig. Zumindest darüber brauchte ich mir keine Sorgen machen.

11. Kapitel

Mit erhobenem Kopf durchs Leben gehen.
Das ist unser Bestreben.

Über die ersten Jahre musste ich mit Katharina alle sechs Monate nach Mittelfranken zur Kontrolle. Auch die Entscheidung, einem anderen Endokrinologen zu vertrauen, hatte sich gelohnt. Katharina wurde das Cortison bis auf die Erhaltungsdosis ausgeschlichen und die überflüssigen Kilos verschwanden. Katharinas Patin Kathrin lud uns nach Rücksprache mit den zuständigen Ärzten auf ihr Anwesen nach Kanada ein. Das war Aufregung pur, denn Katharina kannte es nicht, unbeschwert zu leben. Und sie konnte es erst gar nicht glauben, eine so weite Reise machen zu dürfen. Nachdem diese Reise ärztlich durchaus vertretbar war, da ja der Tumor entfernt worden war, buchten wir den allerersten gemeinsamen Urlaub unseres Lebens. Nach all den Jahren der Entbehrung und der Sorgen, war das ein wunderbares Geschenk.

Unsere Söhne Stefan und Michael, mein Schwager Steff und unser Nachbar Robert erklärten sich bereit, sich um die Landwirtschaft zu kümmern. So planten mein Mann und ich voller Eifer die Reise mit Katharina. Sie konnte es gar nicht erwarten, bis wir endlich mit dem Flugzeug abhoben. Wir mussten die ganze Palette Medikamente mitnehmen, parallel musste das Stresshormon dementsprechend erhöht werden, solange wir im Flugzeug saßen, denn das war für Katharina zwar positiver

Stress, aber es war Stress und sie war ganz aufgeregt. Alleine der Langstreckenflug war für Katharina schon mehr als berauschend und überwältigend, da die reine Flugzeit über 11 Stunden betrug. Als wir in Vancouver ankamen, waren wir drei ziemlich erschöpft.

Eine Bekannte von Katharinas Patin Kathrin holte uns ab und brachte uns erst mal in einem Hotel unter. Wir hatten ein Zimmer im 30. Stockwerk und der Ausblick war gigantisch. Von dort oben konnte man weit hinaus auf den Pazifik blicken. Die Stadt war in der Nacht in den verschiedensten Farben beleuchtet. Als wir die ersten Eindrücke verarbeitet hatten, gingen wir zu Bett und konnten lange nicht einschlafen. Von Weitem hörte man ständig irgendwelche Sirenen und wir hatten uns auch von der langen Flugzeit noch nicht erholt, doch irgendwann forderte der Körper seinen Tribut und wir schliefen zufrieden und glücklich ein.

Früh am beginnenden Morgen gingen wir auf den Balkon, um uns ein besseres Bild zu machen, wie groß diese Stadt ist und wie hektisch es auf den Straßen zuging. Dann holte uns Kathrin zum Frühstücken ab. Wir gingen durch ein riesiges Foyer, das an den Frühstücksraum angrenzte. Ein gigantisches Büffet war dort aufgebaut und unser Staunen wollte kein Ende nehmen, so etwas hatten wir alle noch nie gesehen. Wir konnten uns aussuchen, was immer wir wollten und es gab nichts, was unsere Wünsche nicht befriedigt hätte. Es war einfach nur ein Genuss und vor allem für mich, die ich mich sonst immer um alles kümmere, die reinste Wohltat, sich einfach nur zu bedienen und bedienen zu lassen.

Wir setzten uns an einen wunderschön eingedeckten Tisch. Eine Dame kam und fragte, was wir gerne zu trinken hätten und am Büffet können wir uns nach belieben holen, was immer wir wollten.

Während des Frühstücks erklärte uns Kathrin, wie sich die folgenden zwei Wochen gestalten sollten. Sie meinte, wir werden uns zu Wasser, in der Luft und natürlich auch auf dem Boden fortbewegen. Hier in Kanada sagte sie, sei man viel mit dem Boot oder Flieger unterwegs, da das Land sehr weitläufig ist und man oft über lange Stunden mit dem Auto fahren müsste, um ans Ziel kommen. Deshalb sei es von Vorteil, sich vor allem bei weiten Entfernungen in den Flieger zu setzen, um kostbare Zeit einzusparen. Wir wollten wissen, von wo aus wir fliegen würden und sie erklärte uns, ihr Lebensgefährte Joachim habe ein eigenes kleines Flugzeug. Das sei hier ganz üblich, wir könnten, wann immer wir irgendwo hin wollten, ohne Wartezeit mit ihr in den Flieger steigen und Joachim und sie würden uns in diesen zwei Wochen soviel wie nur irgendwie möglich von Kanada zeigen.

Wir saßen da und konnten es nicht fassen. Bei uns in Deutschland war das alles viel komplizierter und bürokratischer und auch die Menschen hier waren freundlicher und hilfsbereiter. Irgendwie schienen sie hier nicht alle so stressig und in ständiger Eile und Hast zu sein, wie bei uns zuhause. Nach dem Frühstück sagte Kathrin, wir sollen unsere Koffer packen und der Page würde sie dann ins Foyer bringen. Wir warteten im Foyer auf Kathrin und die Koffer. Es dauerte nicht lange und kurz darauf verschwand unser Gepäck in einem riesigen Auto, in so einem langen weißen amerikanischen Wagen und der Fahrer mit den weißen Handschuhen bat uns einzusteigen. In dem Wagen befand sich eine Bar mit allem was dazu gehört und Kathrin erklärte uns, wir könnten uns nehmen, was wir möchten. Ich fragte sie, wo wir denn eigentlich hinfahren. Da meinte sie, ein bisschen die Stadt ansehen und dann in ihren Wagen umsteigen, um zu ihrem Anwesen nach Hundrets Mile zu fahren. Wir kutschierten lange mit diesem riesigen Auto quer durch Vancouver, betrachteten die große Stadt durch die Fenster und wechselten anschließend das Auto um mit Kathrin Richtung Norden, um nach Hundrets Mile zu düsen. Es ging durch abwechslungsreiche, traumhafte Landschaften. Wir hatten große Freude an diesem Ausflug, die Zeit verflog mit Leichtigkeit und trotz der fünf Stunden Fahrzeit schien es auch Katharina dabei gut zu gehen. Sie war entspannt, freute sich und war von der Umgebung völlig begeistert. Immer wieder mal hielten wir an, um etwas zu trinken oder eine Kleinigkeit zu essen. Manchmal auch einfach nur, um uns an den wunderbar weiten Ausblicken in die unzerstörte und unbebaute Natur zu erfreuen. Das hier konnte man mit Deutschland überhaupt nicht vergleichen, dagegen wirkte unsere Heimat wie Legoland.

Kathrin hatte ein großes Grundstück mit einem Haus mitten im Wald und mit Blick auf einen glasklaren See. Weit und breit war hier kein Mensch zu sehen, man hatte fast den Eindruck, dass es nur uns auf der Welt gab. Am Abend, wenn wir auf der Terrasse saßen, kamen Elche vorbei, die Natur war traumhaft schön und berührend erholsam. Für den kommenden Tag war eine Einkaufsfahrt in den Ort geplant. Dort fiel uns auf, wie zuvorkommend und hilfsbereit die Kanadier sind. Hier gab es diese Hektik nicht, die wir sonst so gewohnt waren. Da drängelte keiner oder schubste einen anderen an, ruhig stellten sich die Menschen an die Schlange und jeder wartete entspannt bis er dran kam.

Am Abend schürten wir den Kamin mit Holz, das wir am Tag gesammelt hatten und genossen einfach nur diese Ruhe im Einklang mit der Natur. Das war für Katharina absolut das Richtige, was sie für ihre angeschlagene Gesundheit brauchte.

Nach zwei Tagen Erholung überraschte uns Joachim, der Lebengefährte von Kathrin, dass wir mit seinem Wasserflugzeug nach Champell River fliegen und dann auf sein Schiff umsteigen würden, um etwas den Pazifik zu erkunden. Gemeinsam machten wir uns gleich auf den Weg, denn die zwei wollten uns soviel wie möglich von der Gegend zeigen. Das Schiff war mit allem, was man so zum Leben brauchte, ausgestattet. Egal was immer wir wollten, es war einfach alles da. Es gab Schlafkabinen, eine Küche, sowie eine Art kleines Wohnzimmer, wo man sich am Abend oder wann immer man wollte, aufhalten konnte. Wir legten ab und fuhren hinaus auf den Pazifik. Es wurde eine unvergessliche Fahrt, fast immer waren wir oben an Deck, um den Delphinen bei ihren Sprüngen zuzuschauen, auch Wale und Robben tauchten auf. Zwischendurch machten wir Halt an den verschiedensten Anlegestellen. Eine Anlegestelle ist uns besonders in Erinnerung geblieben, das war Big Bay Marina. Dort war es herzberührend schön. Es gab einen tropisch wirkenden, traumhaften Wald mit vielen bunten Vögeln und einer unglaublichen Vielfalt an exotischen Pflanzen. Die Abendsonne strahlte einen riesigen Berg an der wie Gold glänzte. Auf Big Bay Marina gab es ein Restaurant, in das wir essen gingen, um die kanadischen Köstlichkeiten zu genießen.

Am nächsten Morgen bekamen wir die Gelegenheit am Lachsfischen teilzunehmen. Diese Chance ließen wir uns natürlich nicht entgehen. Joachim besorgte uns eine Fischerlizenz und am kommenden Morgen um fünf Uhr ging es los. Katharina blieb in der Zwischenzeit mit Kathrin auf Big Bay Marina. Wir fingen riesige Lachse, die uns die kanadischen Ortsbewohner dann am Ufer zum Mittagessen grillten. Joachim bot uns auch an, einen Lachs nach Deutschland mitzunehmen, wenn wir das wollten. Natürlich wollten wir das, dann konnten wir zu Hause auch einmal eine Lachsgrillparty machen und Freunde dazu einladen, so etwas hatten die bestimmt noch nicht gesehen. Dafür bat Joachim in der Gaststätte darum, ob sie den Lachs für uns einfrieren würden und wenn wir von unserer Tour zurück kommen, holen wir ihn ab. Das war überhaupt kein Problem. Kaum hatten wir unseren Lachs in Sicherheit, legten wir mit dem Schiff wieder ab, um weiter den Pazifik zu bereisen. Der Himmel war strahlend blau und in den Lüften kreiste eine Gruppe Weißkopfadler. Die Tage waren erfüllt von Abenteuern und zu den Highlights gehörte auch ein Ausflug mit dem kleinen Beiboot zum Austern und Muscheln sammeln, die dann am Abend natürlich lecker zubereitet auf unserem Speisentisch standen. Auch Freunde von Kathrin und Joachim haben wir besucht, die eine riesige Party für uns gaben und sich mit uns über Katharinas Genesung freuten. Ich war verblüfft, wie mitfühlend dort die Menschen waren, das kannte ich von zuhause überhaupt nicht.

Diese zwei Wochen vergingen wie im Flug und am Ende unserer Reise nächtigten wir noch einmal in diesem gigantischen Hotel, um am letzten Tag die unterirdische Einkaufsstadt in Vancouver auszukundschaften. Es war unsere allererste Reise. Sie hat unsere kleine Familie wieder eng verbunden. Wir sollten uns an dieser wohltuenden, wunderschönen, interessanten und abenteuerlichen Zeit noch ein Leben lang erinnern und uns daran erfreuen. Auch heute noch unterhalten wir uns oft über dieses großartige Erlebnis und schauen uns die Fotos an. Katharina genoss zum ersten Mal in ihrem Leben eine Unbeschwertheit, eine Freiheit mit so vielen positiven Eindrücken, die sie bis dahin nie gekannt kannte. Sie war so unglaublich glücklich und ausgeglichen, dass es uns alle tief berührte. Diese Reise war Balsam für ihre wunde Seele und den geschundenen Körper.

In Deutschland kehrten wir erfrischt in unseren Alltag zurück. Katharina kämpfte noch immer mit den Folgen und Beschwerden, die durch das Wachstumshormon und die anderen Medikamente entstanden. Sie musste jährlich eine Reha-Kur absolvieren, um die Beschwerden zu lindern. Knochen, Sehnen und Muskeln waren davon betroffen und das künstlich beschleunigte Körperwachstum zog Schmerzen nach sich. Auch der Lymphfluss war gestört. So fuhren wir jährlich nach Niederbayern in eine Klinik mit Thermalbad. Diese Ärzte dort verdienen bis heute meine Hochachtung und eine tiefe Dankbarkeit in den Bemühungen um Katharinas Genesung. Immer hatten sie ein offenes Ohr für die Bedürfnisse und die kleinen Sorgen unseres Kindes. Auch die Krankenschwestern und Pfleger bis hin zum Reinigungspersonal bemühten sich. Emotional war die ganze Belegschaft dieser Klinik für Katharina und für mich immer da und versuchte uns den Aufenthalt so angenehm wie möglich zu machen. Die Therapien wurden genau auf Katharina abgestimmt und ich weiß, dass diese Kuren wesentlich zu Katharinas langsamer, aber stetiger Mobilisierung und Besserung der seelischen Befindlichkeit beigetragen haben. Dafür bedanke ich mich aus der Tiefe meiner Seele und von ganzem Herzen bei dieser Reha-Klinik, auch im Namen meiner Tochter. Wir wissen auch, dass es dort noch einige Aufenthalte geben wird, um die medikamentös verursachten Beschwerden weiterhin zu lindern.

Langsam aber stetig ging es mit Katharinas Genesung voran. Zwischendurch gab es zwar immer wieder Zwischenfälle, wenn sie mit den Medikamenten neu eingestellt wurde. Denn so mancher grippale Infekt hatte bei ihr schwerere Auswirkungen als bei einem so genannten Gesunden. Das traf speziell auf Darminfektionen zu, da sie dann meist die verabreichten Medikamente erbrach und das Hormongerüst neu aufgebaut werden musste. Ansonsten konnten wir mit der Gesamtentwicklung zufrieden sein. Auch das Familienleben normalisierte sich zusehends. Es kehrte langsam Entspannung ein, jeder wusste Bescheid, was getan werden musste, wenn mit Katharina etwas nicht in Ordnung war.

Im Jahr 2000 nahm ein Autofahrer meinem Mann die Vorfahrt und fuhr ihm in seinen Wagen. Nachdem sich der Unfallverursacher weigerte, seine Unachtsamkeit einzusehen, musste mein Mann einen befreundeten Rechtsanwalt beauftragen, der die Sache regeln sollte. Mein Mann hatte einige Unterlagen zuhause vergessen, so erklärte der Rechtsanwalt sich bereit, wenn er am Abend von der Kanzlei nach Hause führe, bei uns vorbei zu kommen, um diese abzuholen.

Am Abend kam er wie vereinbart, um die restlichen Unterlagen zu holen. Während des Gesprächs erkundigte er sich auch nach Katharinas Gesundheitszustand und fragte, wie wir so zurecht kämen. Ich erzählte ihm, wie schwer die sieben Jahre Fehldiagnose und Fehltherapie gewesen sind. Sieben Jahre Hölle und zurück und dennoch hatten wir verdammt viel Glück gehabt. Zur rechten Zeit am richtigen Ort mit den passenden Menschen – nur so konnten wir Katharinas Leben retten.

Unser Anwalt hörte sich die Geschichte geduldig an, denn sie interessierte ihn. Dann fragte er mich, wie er mich kenne, hätte ich bestimmt alles aufgezeichnet. Und dem war tatsächlich so. Ich erzählte ihm auch, dass ich während dieser langen Zeit viele Reime und Gedichte über die Menschen niedergeschrieben hätte und diese zu gegebener Zeit verlegen lassen wollte. Er erklärte meinem Mann und mir, dass es doch eine Überlegung wert sei, Klage gegen die erstbehandelnde Assistenzärztin der Kinderklinik zu erheben. Ich stimmte dem gleich zu. Denn augenblicklich kamen mir wieder all die Demütigungen, Diskriminierungen und die Respektlosigkeiten in den Sinn. Wir entschlossen uns, stützend auf meine detaillierte Dokumentation über Jahre hinweg, zu klagen. Mir ging es vorrangig überhaupt nicht um Geld, sondern um Aufklärung und darum, dass keinem anderen Kind das gleiche widerfahren sollte. Bei uns in Deutschland handelt es sich sowieso um rührend geringe Entschädigungssummen, die den tatsächlich entstandenen Schaden niemals auffangen können. Jeder Geldbetrag ist mehr symbolisch zu verstehen, damit eben ein Opfer als entschädigt gilt und der Täter seine Schuld vermeintlich bezahlt hat – mit einem Betrag, den das Gericht für angemessen hält. Geld war also nie unser Bestreben. Es gibt Wichtigeres im Leben, und ja, natürlich, wir brauchen alle Geld zum Existieren, und vor allem dann besonders viel, wenn jemand schwer krank wird und die Krankenkasse bestimmte Kosten nicht übernimmt.

Wir reichten die Klage beim Landgericht der Landeshauptstadt von Oberbayern ein. Es dauerte gar nicht lange, bis wir ein Schreiben vom Gericht erhielten. Die Klage wurde abgewiesen, da die Ärztin Angestellte der Klinik sei und deshalb müsse Klage gegen die Klinik erhoben werden ("Die Kosten trägt der Kläger."). Das war in dieser Richtung der erste Rückschlag. Es ist also in Bayern nicht möglich, eine angestellte Ärztin wegen eines schwerwiegenden Diagnosefehlers zu verklagen. Das konnte ich so nicht hinnehmen, für mich gleicht das einem Freibrief, der von der Verantwortung entbindet. So besprach ich mit unserem Juristen, wie man weiter vorzugehen habe. Er antwortete knapp: „Dann muss man eben die Klinik verklagen, bei der die Ärztin zum damaligen Zeitpunkt beschäftigt war."

Also wurde eine zweite Klage erhoben – gegen die Kinderklinik. Wieder dauerte es nicht lange, bis auch diese Klage abgewiesen wurde. Ich dachte immer, die Gerichte seien so langsam, aber in diesem Fall ging es auffällig zügig. Die zweite Ablehnung stützte sich darauf, dass man die Klinik nicht verklagen könne, da sie dem Freistaat Bayern unterliege! ("Die Kosten trägt der Kläger."). Als Normalbürger macht man sich schon so seine Gedanken und begreift erst einmal nicht, wie sich eine derartig unfähige Medizinerin hinter dem bayrischen Staat verschanzen kann und der Steuerzahler das auch noch finanzieren darf. Ich sehe das so: Der Staat nimmt praktisch eine inkompetente Ärztin in Schutz, die dem Staat „unterliegt", die aber ihre Arbeit nicht gewissenhaft macht. Und das Schlimmste daran ist: Wenn man sich nicht wehrt, geht es immer so weiter. Alles wird auf dem Rücken von Eltern und Kindern ausgetragen. Immer schön brav den Mund halten und nicht zu viel fragen, geschweige denn etwas sagen.

Das hatte meinen wunden Punkt getroffen. Wenn schon die Ärztin und die Klinik nicht dafür gerade stehen mussten, dann galt es einen anderen Weg zu gehen. Schließlich entschlossen wir uns doch, gegen den Freistaat zu klagen. Was sonst hätten wir tun können? Es gilt, die vorhandenen Mittel und Wege zu nutzen und wenn die Rechtsprechung so ist wie sie ist, heißt es sich den Gegebenheiten und Rahmenbedingungen anpassen. Gefühlt kämpft man als Schaf gegen einen Wolf. Und ich fragte mich, was das mit Recht und Gerechtigkeit zu tun hat. Die Zeit wird es zeigen, dachte ich. Was soll's!

Und so bat ich den Juristen, die Klage gegen den Freistaat Bayern vorzubereiten, um sie beim Landgericht einzureichen. Wir hatten kein Problem damit und stellten uns dieser Herausforderung. Hier ging es um so unendlich viel Leid und um Leben oder Sterben, dass eine Klage gegen den Freistaat aus unserer Sicht nur angemessen war. Wir scheuten auch den Kampf gegen die mächtigen Juristen nicht, die den Freistaat verteidigen sollten.

Manchmal habe ich mich gefragt, wie wohl ein Jurist, der den Staat vertritt, reagieren würde, wenn er selbst durch diese Odyssee hätte gehen müssen, für sich oder einen seiner Liebsten. So ist es mit Diagnosefehlern wie auch mit den Sexualdelikten an Kindern. Ich bin überzeugt, würde einem Kind von einem Arzt, Politiker oder Richter ein solches unermessliches Leid zugefügt werden, so würden diese mit Sicherheit auch das zur Verfügung stehende System der Rechtsprechung nutzen. Oder, wenn man sie hin hält und abweist, alle sonstigen möglichen Schritte unternehmen, die Zustände öffentlich zu kritisieren und in Frage zu stellen.

Jene, die anderen aufgrund ihrer Machtposition viel Schaden zufügen können, würden dann als Betroffene dastehen. Sie würden sich auch mit Sicherheit wehren, wenn die Gegenseite mit allen ihnen zur Verfügung stehenden Mitteln nach Ausreden, sowie mildernde Umstände für die Tat sucht oder gar die Klage abweist, um einen Täter zu schützen der in ihren Diensten steht und ihre Normen vertritt. Gleichzeitig scheint diese Gegenseite ebenfalls alles zu tun, um dem widerspenstigen Opfer oder seinen Helfern das Leben und den Rechtsstreit zu erschweren, indem die unglaublichsten bürokratischen Hürden aufgebaut werden. Vielleicht gibt das Opfer ja dann endlich auf? Vielleicht kann das alltägliche, genormte menschliche Unrecht, wie schon so oft, einfach unter den Tisch gekehrt werden?

Wenn jeder, der ein derartiges machtvolles Amt ausübt, das Leiden der Opfer selbst erleben müsste, so würde mit Sicherheit an der Rechtsprechung vieles neu überarbeitet und man müsste als „Ottonormalverbraucher" nicht über Jahre kostspielig für sein Recht streiten. Ich hatte keinerlei Bedenken, dass wir uns gegen den Freistaat auflehnen, der solche Pädagogen und Ärzte ausbildet und in Schutz nimmt. Ich selbst war auch nicht bereit, mich verängstigen oder klein machen zu lassen und alles einfach hinzunehmen.

Die Klage gegen den Freistaat Bayern beim Landgericht wurde eingereicht. Dieses Mal dauerte es etwas länger, bis ein Brief vom Landgericht kam. Es war eine Ladung beider Parteien vor Gericht für den Mai 2001. Nie werde ich die Ärztin vergessen, die damals die fatale

Fehldiagnose stellte (die beinahe das Leben meiner Tochter gekostet hätte), ohne den fachkundigen Rat von Professoren, Oberärzten oder sonstigen erfahrenen Kollegen einzuholen; um sich zu vergewissern, ob nicht doch noch aufschlussreichere Untersuchungen möglich sind.

Wir saßen in diesem nüchternen Gerichtssaal und hörten uns den Richter an, sowie die Argumentation der Vertreter der beklagten Partei. Das Gericht entschied sich für ein neutrales Gutachten, das in Berlin ausgearbeitet werden sollte und beschloss, dass sämtliche Unterlagen zur Auswertung an eine renommierte Endokrinologin nach Berlin geschickt werden sollten. Mit diesem Beschluss wurden wir aus der Verhandlung entlassen.

Über ein Jahr dauerte das in Auftrag gegebene Gutachten. In diesem Jahr hatte Katharina wieder vermehrt Probleme mit der Dosierung ihrer lebensnotwendigen Medikamente und es war ein ständiges Hoffen und Bangen. Erschwerend kam noch hinzu, dass sie öfters an Bauchschmerzen litt und man die Ursache nicht sofort erkannte. Nach eingehenderen Untersuchungen wurde festgestellt, dass sich der Blinddarm entzündet hatte und dringend entfernt werden musste. Man entschied sich für eine sofortige Operation. Und damit hatten wir schon das nächste Problem, denn keiner der Anästhesieärzte wusste, wie bei Katharina die Narkose durchgeführt werden sollte. Die Herausforderung waren die Stresshormone, die bei ihr mit Medikamenten gesteuert wurden.

Wir versuchten den betreuenden Endokrinologen von Katharina anzurufen, doch der befand sich derzeit auf einem Kongress in Montreal. Dennoch hatten wir Glück, Katharina war für den Arzt eine sehr wichtige Patientin und er gab uns seine private Telefonnummer, sodass wir ihn jederzeit erreichen konnten. Dieser Arzt wurde seiner Berufung wirklich gerecht, er wollte immer für sie da sein. Ich rief also seine Frau privat an und erzählte ihr von unserer Komplikation. Gleich gab sie mir eine Nummer ihres Mannes und sagte man könne ihn auf diesem Wege auch in Montreal erreichen. Ich gab diese Telefonnummer der Narkoseärztin und sie erreichte den Arzt auch sofort. Er erklärte ihr, wie die Einleitung zur Operation dosiert werden müsse, um ein eventuelles Wachkoma nach der Operation unbedingt zu vermeiden. Wir hatten ja auch nach der Gehirntumoroperation immer Sorgen damit.

Katharina hat die Blinddarmoperation gut überstanden und wieder stand ich in tiefer Dankbarkeit an ihrem Bett als sie aufwachte. Auch nach diesem Eingriff dauerte es wieder einige Zeit bis sich Katharina erholte. Was bei einem gesunden Kind relativ zügig ging, zog sich bei Katharina über einen längeren Zeitraum hin. So war es mit allem, ob nun eine Grippe oder ein anderer Infekt, das alles ging bei ihr nicht so schnell vorbei.

Endlich kam in der Zwischenzeit auch das Gutachten aus Berlin bei Gericht an. Der nächste Termin im Landgericht stand an. Die Anwälte des Freistaates, die die Klinik juristisch vertraten, fanden in dem ellenlangen Gutachten erwartungsgemäß Ungereimtheiten. Meine Vermutung ist schlicht: sie wollten Zeit schinden, um uns zu zermürben. Natürlich beschloss das Gericht eine nochmalige Überprüfung und Überarbeitung des Gutachtens durch die beauftragte Endokrinologin in Berlin unter besonderer Beachtung der „Ungereimtheiten". Das dauerte nun wieder ein langes Jahr, da die überlastete Ärztin auch noch um eine Fristverlängerung gebeten hatte.

In der Zwischenzeit hatte Katharina ihren Schulabschluss gemacht und besuchte die Kinderpflegeschule, da sie Kinderpflegerin werden wollte. Diese Ausbildung sollte insgesamt zwei Jahre dauern und wir hatten Katharina für das Jahr 2002 in der vorgesehenen Berufsfachschule angemeldet. Leider bekam sie in der Kinderpflegeschule keinen Anschluss an die Klassenkameradinnen, da sie sich ja in ihrer weiblichen Entwicklung immer noch weit unter der Norm befand. Jeden Tag berichtete sie, ein Außenseiter zu sein und sie fühle sich schrecklich, so ganz allein zu stehen. Durch die Blinddarmoperation war sie für längere Zeit ausgefallen und hatte den Ausbildungsstoff versäumt. Sie konnte auch den Lernstoff nicht mehr aufholen und es stellte sich die Frage, wie es weiter ging.

Ich besprach mit Katharinas Arzt die momentane Situation und berichtete, dass Katharina hier nicht mehr leben möchte, da die Umgebung sie voller Vorurteile ablehne und sich die früheren Freundschaften nicht wieder herstellen ließen. Sie musste ja noch immer sehr eingeschränkt leben durch die Medikamente und die körperlichen Beschwerden. Auch die Belastung in der Kinderpflegeschule mit ihren Mitschülerinnen verkrafte sie nicht mehr. Ihr Schlafrhythmus sei aus den Fugen geraten. Nachts sei sie oft über Stunden wach, denke nach und wenn sie mit dem Bus von der Schule nach Hause fuhr, kam es öfter vor, dass sie erschöpft eingeschlafen war und erst an der Endstation der Busfahrer sie weckte. Das erschreckte sie sehr. Der Arzt hatte keine Antworten für uns, wir mussten die Lösungen selbst finden.

Auch für mich persönlich war mittlerweile die absolute persönliche Belastungsgrenze erreicht, ich konnte einfach nicht mehr. Uns beiden fiel es hier in diesem isolierenden

Umfeld und mit all den Verpflichtungen, mit jedem Tag schwerer. Wir brauchten Abstand, um die ganzen Ereignisse zu verarbeiten und das war hier nicht möglich, da immer noch niemand verstehen konnte, wie sehr uns die letzten Jahre gezeichnet hatten. Ich musste eine Entscheidung treffen, sonst wäre ich zu Grunde gegangen.

Am Abend besprach ich mit meinem Mann die Situation, denn zwischenzeitlich hatte Schorsch eine Entgiftungskur wegen seines Alkoholproblems erfolgreich beendet und man konnte ihm somit durchaus die Verantwortung mit den dazugehörenden Aufgaben übertragen. Alles Mögliche zogen wir in Erwägung, um für Katharina sowie für mich Erleichterung zu erlangen. Zum Schluss stand dann fest, dass ich mit Katharina für ein Jahr wegziehen würde, um in einer fremden Gegend von vorne zu beginnen. Das hatte den Vorteil, dass Katharina in eine Kinderpflegeschule kam, wo niemand ihr Schicksal kannte und gleichzeitig bestand die Möglichkeit, dass sie dort neue Freunde fand. Auch für mich war dieser Schritt von großer Bedeutung, so hatte ich die Möglichkeit, alles was im Laufe der Jahre passiert war, zu verarbeiten und mich innerlich wie äußerlich zu stabilisieren. Ich empfand es auch deshalb hilfreich, eine Zeit lang alleine mit Katharina in einer weit entfernten Stadt zu leben, da ich sowieso hier am Anwesen nie dem Anspruchsdenken der Anderen gerecht werden konnte und in meiner tief verwurzelten Angst immer noch meinte, ich müsse die Zuneigung der Verwandten meines Mannes erringen.

So zogen Katharina und ich nach Niederbayern. Katharina besuchte dort die Kinderpflegeschule und ich schrieb meine Bücher und verlegte diese dort. Wenn ich heute zurück denke – von der Verwandtschaft meines

Mannes hat uns niemand vermisst. Auch für die Nachbarn war das kein Problem, uns nicht mehr zu sehen. Ich fand es zwar traurig, doch letztendlich hat es mir mehr als deutlich aufgezeigt: Wenn man jemanden schon während des Lebens vergisst, so wird dieser Mensch auch nach dem irdischen Dasein mit keiner Sekunde mehr von Bedeutung für andere sein.

Mit diesem Rückzug und der Abnabelung hat sich auch die so tief verwurzelte Angst seit meinem sexuellen Missbrauch allmählich abgeschwächt. Ich wurde im Inneren freier und quälte mich nicht mehr so viel. Das Leben in einer neuen Umgebung fiel mir leichter, obwohl ich meine Söhne Stefan und Michael sowie meinen Mann so manches Mal vermisste. Auch Katharina hatte nach ihren Brüdern und ihrem Vater Sehnsucht, doch hier fand sie den Ausgleich, den sie in ihrer Heimat verzweifelt suchte. Die Menschen und die Mitschülerinnen behandelten sie genauso wie jeden anderen auch und das glich sich dann mit dem Heimweh durchaus aus.

Ich begann, die Menschen nicht mehr zu „verachten", die von Kindheit an so viel Leid in mein Leben brachten, konnte mich jetzt genauer abgrenzen und musste endlich nicht mehr allem und jedem gerecht werden. Das schaffe ich sowieso nicht hier auf Erden. In einer besinnlichen Stunde habe ich mich entschieden, das Grab meines Peinigers, der tatsächlich zwischenzeitlich verstorben war, aufzusuchen, um auch ihm zu vergeben, was er mir angetan hatte. Doch vergessen werde ich es nie, ich denke das wäre auch zu viel verlangt.

Die Menschen, die mich nie akzeptierten, sich nie um mich sorgten oder gar bemühten, die hakte ich in meinem Kopf einfach ab und gab die Verantwortung für das, was jeder Einzelne mir angetan hatte, im Geiste an sie zurück. Mit Katharina führte ich in dieser Zeit sehr viele Gespräche. Wir philosophierten über das Leben und warum wir welchen Menschen begegnen, egal wer immer es sei, und was wir daraus lernen können. Alles hatte seinen Sinn, damit wir im Leben voranschreiten. Wir besprachen auch, warum genau jene Menschen, die einen an die Grenze des Ertragbaren führen, für uns die größte Lehre sein können.

Ich erörterte mit Katharina das Thema Macht und wie sie von einem Großteil der Bevölkerung eingesetzt wird. Ich nahm dazu das Beispiel meines Peinigers. Nur weil er mir körperlich und geistig zum damaligen Zeitpunkt überlegen war, nutzte er seine Macht über mich aus. Das passiert jeden Tag, im Großen wie im Kleinen, egal ob in der Politik oder in der Wirtschaft, in den Schulen, mit den Mitmenschen oder in einer Familie. Man kann diese Machtspiele überall erkennen, wenn man Augen und Ohren offen hält. Dann lässt sich sehr schnell erkennen, was für bestimmte Menschen wirklich zählt.

Katharina und ich waren ein gutes Team. Jeden Freitag nach der Schule fuhren wir zu unserer Familie, verbrachten das Wochenende gemeinsam und am Sonntag fuhren wir wieder zurück. Wir wollten uns nicht von der Familie entfremdeten. Schorsch hatte zuhause auf dem Hof alles gut im Griff. Seitdem er nicht mehr trank, hat er vieles erkannt und sich verändert. Es wäre nie möglich gewesen, dass Katharina und ich für einige Zeit wegziehen, wenn Schorsch noch weiter getrunken hätte. Jetzt war das möglich, da ich mich endlich auf ihn verlassen konnte. Wie sagt man so schön: „An seinen Aufgaben und Herausforderungen wächst der Mensch.“ Genau so war es. Lieber spät als nie. Dafür bin ich Schorsch dankbar und ich bin auch stolz darauf, dass er es geschafft hat, nüchtern durchs Leben zu gehen, sich den Wahrheiten zu stellen und sich nicht mehr in den Alkohol zu flüchten.

Für Katharina war es nun möglich, mit ihrer eingeschränkten Gesundheit besser zu recht zu kommen und für mich begann eine Aufarbeitung von vielen Jahrzehnten, die durchzogen waren von Ängsten und Verlusten, von denen niemand wusste. Ich fand wieder Stabilität und zu mir selbst und zum ersten Mal lebte ich einfach nur. Es war ein Prozess der Befreiung. Katharina und ich benötigten nicht einmal ein Jahr, um innerlich wieder klar und ruhig zu werden. Wir zogen wieder auf den Hof zurück, vervollständigten die Familie und sahen von da an fast nur noch nach vorne und selten zurück.

Ende 2002 kam dann auch die erneute Ausarbeitung des Gutachtens aus Berlin. Auch dieses Mal versuchte die gegnerische Seite Zweifel zu säen, doch dieses Verhalten hatte schon die Berliner Endokrinologin längst als befremdlich dargestellt. Es war erstaunlich, mit welchen Mitteln da jongliert wurde, nur um sich ja keinen Fehler einzugestehen und um die eigene Schuld und Unfähigkeit zu negieren. Natürlich lag hier auch ein gängiges ärztliches Bewertungssystem in der Waagschale und das hatte auch der Staat zu verantworten. Den Staat zu kritisieren glich Ketzerei, das konnte nicht geduldet werden. Zusätzlich gab es da noch die Vertreter des Berufsstandes, die sich auf die Füße getreten fühlten und die mit aller Macht versuchten, das Geschehene zu entschärfen und Gründe suchten, um ja keinen Fehler für die verantwortliche Ärztin verbuchen zu müssen.

Ich zweifelte in dieser Zeit oft an der bayrischen Rechtssprechung und es fiel mir verdammt schwer, auch das noch durch zu stehen, obwohl die Wahrheit absolut offen lag. Wieder fiel der Gegenseite etwas ein, um Zeit zu schinden. Worauf warteten die Richter und Staatsanwälte? Dass wir nervlich und finanziell zusammenbrechen? Die Staatsanwälte hatten sicherlich genügend Erfahrung in Gerichtsprozessen und wussten, dass viele Kläger irgendwann aufgeben. So wurde im Jahr 2003 auf Antrag der Gegenseite ein Gutachter für Kinderheilkunde in Baden-Württemberg beauftragt, ein weiteres Gutachten zu erstellen. Wieder warteten wir auf die Auswertung. Wieder dauerte es fast ein Jahr und wir schrieben bereits das Jahr 2004.

Katharina hatte in dieser Zeit mehrere gesundheitliche Rückschläge, die von Zeit zu Zeit einen Krankenhaus- oder Kuraufenthalt erforderten. Meine Angst um Katharina verstärkte sich aufs Neue.

Wir waren über die kritische Fünfjahresgrenze noch nicht hinaus und man konnte noch immer nicht absehen, ob sich der Tumor wieder manifestierte und zurückkehrte. Auch ihre psychische Belastbarkeit schrumpfte in dieser Zeit enorm. Sie zeigte sich in Form von Schlafstörungen und Niedergeschlagenheit. Katharina versuchte trotz ihrer Fehlzeiten mit allen ihr zur Verfügung stehenden Mitteln in der Kinderpflegeschule den Anschluss nicht zu verpassen und oftmals ging das über ihre Kräfte hinaus. Auch war ihr völlig unbegreiflich, warum die Gerichte so schwerwiegende gesundheitliche Einschränkungen, die so offensichtlich einer Fehldiagnose zu Grunde lagen, über die Jahre der Verhandlungen einfach nicht ehrlich, fair und menschlich akzeptieren wollten. Ich musste Katharina immer wieder beruhigen, man müsse einfach abwarten, um dann weiter zu sehen, anders ginge es derzeit nicht.

Dann kam endlich das Gutachten aus Baden-Württemberg. Das neue Gutachten unterschied sich im Wesentlichen nicht von dem Berliner Gutachten. Vermutlich hatte man gehofft, durch das neue Gutachten die Mitschuld für die Klinik zu minimieren. Doch es brachte nicht das für sie erhoffte Ergebnis.

Die Berliner Gutachterin hatte einen groben Diagnosefehler festgestellt, Baden-Württemberg sprach von einem einfachen Diagnosefehler. Jetzt musste lediglich noch geklärt werden, um welche Art Diagnosefehler es sich nun gehandelt hatte. Deshalb entschied das Gericht, ein weiteres Gutachten anzufordern, das sowohl die Kinderheilkunde als auch die Endokrinologie berücksichtigen sollte. Das war im Jahr 2005. Dieses Gutachten wurde in Schwaben angefordert. Und wieder hieß es warten. Mittlerweile machte es mir nichts mehr aus. Ich dachte immerzu, dass sich irgendwann das Unrecht dem Recht beugen würde, auch wenn schon viele Jahre vergangen waren. Irgendwann siegt die Wahrheit über die zurechtgezerrte Fakten.

Im gleichen Jahr verstarb meine Mutter. Das war für Katharina ein schwerer Verlust, mit dem sie nicht so einfach fertig wurde. Wieder stand ein Besuch beim Endokrinologen ins Haus, um Katharinas Hormonhaushalt genauer unter die Lupe zu nehmen. Durch den Stress der Trauer, verbunden mit der Bewältigung der sonstigen Probleme, musste das Stresshormon angeglichen werden, damit Katharina alles besser verkraftete. Wieder musste ich ertragen, wie sehr meine Tochter litt. Mir selbst ging es durch den Verlust meiner Mutter auch nicht besonders gut, dennoch versuchte ich, Katharina meine Trauer nicht so offensichtlich zu zeigen, da sie sich sonst noch mehr Gedanken machte und ihr Hormonsystem womöglich in sich zusammen fiel.

Endlich hatte Katharina ihre Ausbildung erfolgreich abgeschlossen. Zeitgleich hatte auch ich meinen lang ersehnten Abschluss als Heilpraktikerin für Psychotherapie und Entspannungsverfahren geschafft. Ich setzte mir zum Ziel, anderen Menschen in Extremsituationen beizustehen und beschränkte mein Aufgabengebiet genau auf das, womit ich aus eigenen Erfahrungswerten den Menschen behilflich sein konnte. In dieser Berufssparte ist es sehr wichtig, mit den Menschen nicht oberflächlich zu sein, sondern eine tiefere zwischenmenschliche Beziehung herzustellen. Ich übe meinen Beruf aus der Ableitung der „Berufung“ heraus aus und mache meine Arbeit gerne, nicht nur, um das in unserer Gesellschaft so nötige Geld zu verdienen, sondern um den hilfebedürftigen Menschen Linderung zu verschaffen.

Ich erinnere mich an ein Zitat von Paracelsus und will es in etwas abgewandelter Form wiedergeben:

Schwätzen, süß reden ist des Maules Amt.
Helfen aber, nutz sein, ist des Herzens Amt.
Nur im Herzen wächst der gute Arzt.

Erst 2006 kamen die Richter schließlich zu einem verwertbaren Ergebnis. Es lagen mittlerweile drei Gutachten vor. Zudem waren verschiedene Ärzte befragt worden, die seinerzeit involviert gewesen waren. Alles lief auf einen Vergleich hinaus. Das Gericht ging von einem groben Diagnosefehler aus und begründete diesen ausführlich.

Man habe die Erkrankung an den vielen typischen Auffälligkeiten erkennen müssen: Kleinwuchs, Anhäufung starker Kopfschmerzen, verminderter Appetit, Gesichtsfeldeinschränkung, nächtliches Erbrechen und Zustand der Wachstumsfugen laut Röntgenaufnahme. Es wurde auch ausführlich darüber diskutiert, dass Katharina bei weitem weniger Beschwerden und Schmerzen gehabt hätte, wenn der Tumor wenigstens drei Jahre früher entdeckt worden wäre. Das hätte ihr Leiden um diese Zeitspanne verkürzen können, auch die damit verbundenen Einschränkungen hätten sich minimiert. Über die letzten Jahre konnten sich die Gutachter nicht einig werden, weil sich nicht eindeutig klären ließ, wann der Tumor angefangen hatte, schneller zu wachsen. Fest stand jedoch, dass man bei genauer Diagnostik den Tumor bereits im 6. Lebensjahr hätte diagnostizieren können (mit der nötigen Aufmerksamkeit und den zur Verfügung stehenden technischen Verfahren). Das Urteil bzw. der geschlossene Vergleich wurde uns per Einschreiben zugestellt: Der Kinderklinik wurden 70 Prozent der Schuld zugewiesen, der Haus-Kinderärztin 30 Prozent. Für Katharina war dieser Tag ein Triumph. Endlich hatte sie es Schwarz auf Weiß, dass sie nicht simuliert hatte, und das gab ihr ein Gefühl der Erleichterung.

Letztlich sind wir dann doch, auch wenn es lebensbedrohlich knapp war, an die richtigen und wohlwollenden Mediziner geraten. Und für jene, die versagt haben, die nicht die erforderliche Fertigkeit und Kompetenz, geschweige denn das für einen Mediziner unerlässliche Feingefühl (speziell in der Kinderheilkunde) hatten, habe ich nurmehr Geringschätzung übrig. Ihnen sollte die Zulassung für ihren Beruf abgenommen werden. Das gilt auch für jene Pädagogen, die im Dienste für den Staat die ihnen verliehene Autorität missbrauchen und mit ihrer Herzlosigkeit Kinder quälen, ohne dass ihr Verhalten Folgen nach sich zieht. Hier sehe ich die Verantwortung aber auch vor allem in einem Staats- und Schulsystem, das kaum reflektiert wird, dass Kinder mit seinen Normen erpresst und gleichschaltet und keine Rücksicht auf das Individuum nimmt.

Zum Glück gibt es immer Ausnahmen. Mein Dank gilt vor allem den Ärzten und Pädagogen, sowie auch der Lehrerschaft der Montessorischule, die Katharina mit verantwortungsvoller Kompetenz und Mitgefühl beigestanden haben.

Letztendlich ist es für alle, auch für die Ärzte, ein Glück, dass Katharina diese Tortouren überlebt hat. Bei einem groben Diagnosefehler mit Todesfolge hätten die Verantwortlichen mit noch ganz anderem rechnen müssen.

Auch dazu dient mein Buch: Es will aufklären und ein Bewusstsein erzeugen, dass jeder Mensch, so klein, schwach und hilflos er auch ist, das Recht auf die Achtung seiner Würde, Mitgefühl und eine menschwürdige Behandlung hat. Wir sollten nie den Glauben daran verlieren, dass jene unfähigen Ärzte und Lehrer in ihrer „Berufung“ noch lernen können, damit sie nie wieder so irren mögen, wie im Falle meiner kleinen Katharina, damit andere Kinder vor solchen Schäden bewahrt werden.

Katharina hat dann aufgrund ihrer erfolgreichen Augenoperation und mit einem augenärztlichen Gutachten doch noch ihren Führerschein machen können. Heute meistert sie ihr Leben, wenn auch mit einigen Einschränkungen. Sie hat einen Beruf, in dem sie gerne arbeitet und ist in ihrer Mobilität mehr oder weniger unabhängig.

Dass man immer ein besonderes Augenmerk auf sie richten muss, steht außer Frage. Wir haben gelernt damit zu leben, mit allen Höhen und Tiefen. Und für mich steht fest: es gibt in jeder Berufssparte ausgezeichnete, gewissenhafte, gute, mittelmäßige aber auch schlechte Handwerker. Das ist bei Maurern und Schreinern so, aber auch bei Lehrern und Medizinern. Wenn man nicht das Glück hat, rechtzeitig an die Richtigen zu geraten, kann es einem so ergehen wie uns. Statt immer blindlings zu vertrauen, sollte man auf seine innere Stimme achten. Sie gibt einem immer wieder ganz deutlich zu verstehen, wo der richtige Weg ist. Man sollte auf keinen Fall vergessen, dass es für alles Leben eine Steigerung gibt, nur für den Tod nicht. Und diesen Wegbegleiter haben wir immer dabei, nur verdrängen wir Menschen das allzu gerne. Niemand kennt den Tag oder die Stunde und schon deshalb täten wir gut daran, als Mensch unser Bestes zu geben und mit unserer inneren Stimme im Einklang zu leben.

So gilt mein ausdrücklicher Dank meiner Familie und jenen, die uns zur richtigen Zeit begegnet sind und uns das Kreuz abgenommen haben, das unendlich schwer für uns zu tragen war. Ebenso den Menschen meinen Dank, die Katharina auch heute noch optimal behandeln und liebevoll betreuen.

Es ist nicht wichtig,
was man hat:
sondern, was man tut und wie man es tut!

* * *

An meine Tochter Katharina:
Ich weiß noch genau, wie alles anfing. Ich werde keine Sekunde dieser schweren und prägenden Zeit vergessen. Wir zwei hatten nur uns und unsere Schutzengel, die wir um Hilfe von oben baten und die uns führten, damit wir uns nicht verirrten. Dennoch war es so manches Mal sehr schwierig, unseren Schutzengeln zu folgen, da wir sie ja nicht sehen konnten, sondern nur spüren. Wir haben uns dann immer wieder bemüht, in uns hineinzuhorchen und der inneren Stimme unserer Schutzengel zu gehorchen.

Mein Mitleid und meine Verzweiflung, wenn ich Dich mit schmerzverzerrtem Gesicht vor mir sah, raubten mir so manches Mal fast den Verstand, weil ich nicht die entsprechende Hilfe für Dich fand. Doch mich ließ das Gefühl nie los: irgendwann schaffen wir das! Das spürte ich in der Tiefe meiner Seele. Bis dahin hieß es, weitersuchen.

So gerne hätte ich Dir die Schmerzen abgenommen, doch das war nicht möglich. Und so versuchte ich, Dir wenigstens etwas Erleichterung zu verschaffen und Dir mit meiner Liebe, Gegenwart und mit gefühlvollen Gesprächen zu helfen, das alles zu verkraften.

Meine uneingeschränkte Liebe zu Dir und mein endlos tiefes Mitgefühl gaben mir die erforderliche Kraft, um für Dich da zu sein. Diese Kraft hat uns geholfen, dass ich Dich nicht verlor.

Du bist mein Atem,
Du bist mein Herzschlag,
Du bist meine Träne,
Du bist mein zweites Ich,
Du bist mein Licht.

Deine dich immer liebende Mam

12. Kapitel – Schlusswort

Man wird so behandelt, wie man sich behandeln lässt.

Viele Jahrzehnte habe ich durch meinen sexuellen Missbrauch in Angst und innerlicher Zerrissenheit gelebt. Fühlte mich für alles und jeden verantwortlich und versuchte eifrig Erwartungen von Menschen, auch derjenigen, die mich gar nicht schätzten, gerecht zu werden. Anerkennung und Liebe sind Dinge, die können einem nur bestimmte Menschen geben. Man braucht diese Dinge nicht von jedem beliebigen, sondern nur von denen, die einem wichtig sind. Ich habe viele Jahre immer nur versucht, mein von anderen vorgegebenes Pensum zu schaffen und konnte es auf die lange Zeit gerechnet nie und nimmer bewältigen. Doch das sah ich zum damaligen Zeitpunkt nicht, vielmehr hatte ich lautlose Tränen in meinem Gesicht. Mit den Jahren bekamen diese immer mehr Gewicht und es dauerte sehr lange, bis ich an meine körperlichen und seelischen Grenzen kam. Erst als ich von meinem sogenannten Zuhause wegging, offenbarte sich mir und meiner Tochter Katharina der wahre Sinn des Lebens.

Man wird genauso behandelt, wie man sich behandeln lässt und irgendwann wird man sein eigener Knecht. Heute lasse ich das mit mir nicht mehr machen und lasse mich nicht mehr für alles zur Verantwortung ziehen, wenn der, der sie zu tragen hat, einfach flieht. Ich brauche diese Menschen nicht, die mir so geschadet haben. Ich konnte mich befreien. Es lebt sich soviel leichter ohne ihr belastendes Gewicht.

Doch durch die Herausforderungen, die das Leben mir vorgab, bin ich in meiner persönlichen Entwicklung gereift und habe für mich so manches Ziel erreicht. Ich zähle zu den Menschen, die nie von ihren Prinzipien weichen, und heute fällt es mir leicht, die Menschen so zu sehen und zu nehmen, wie sie eben sind. Durch meinen Auszug mit Katharina wurde mir die Möglichkeit gegeben, nur für mich und Katharina zu leben. Durch die Aufarbeitung lernte ich viele Dinge, die mir vorher nicht bewusst waren, da ich ja permanent beschäftigt war oder wurde. Doch nach wie vor denke ich, hatte alles seinen Sinn und alles braucht seine Zeit, bis es zu einem brauchbaren Ergebnis reift.

Nachdem wir den Rechtsstreit über viele Jahre hinweg durchgestanden haben, kann ich mir nicht mehr vorstellen, dass es irgendeine Behörde gibt, die mich von meinem Weg abbringen könnte. Selbst wenn es in Bayern die höchste Instanz wäre, ich hätte keine Scheu und kein Problem, ich würde genau den gleichen Weg wieder gehen. Niemand muss sich der Staats-„Gewalt" beugen. Und manchmal muss man auf sein Recht beharren und es über Jahre in dieser so unsensiblen Gesetzeswelt aushalten.

Katharina hat sich den Vergleich des Urteils eingerahmt und ist erleichtert, dass diesen speziellen Medizinern und Pädagogen, die uns so geschunden haben, aber auch vielen anderen Menschen, gezeigt wurde, dass es so nicht geht. Heute sagt sie: ein Kind als Simulantin hinstellen – da muss man sich wehren! Unsere Gesellschaft ist sehr schnell mit ihrer Verurteilung von Menschen, die nicht der Norm entsprechen, die anders oder krank sind. Und selbst jene, die beruflich im ‚Dienst am Menschen' stehen, bringen oft nicht das nötige Feingefühl auf, sich menschlich zu verhalten.

Katharina hat sich durch ihre Krankheitsgeschichte zu einer stabilen Persönlichkeit entwickelt und gibt sich nicht mit Geschwätz zufrieden. Sie sieht und hört genau hin und verschwendet keine Zeit mit Menschen, die ihr nicht wohlgesonnen sind. Sie beschränkt sich überwiegend auf jene Menschen, die ihr wichtig sind und man möchte es kaum glauben, ihre Freundin Jenny aus dem Kindergarten und der Vorschule ist heute wieder ihre Wegegleiterin. Manche Menschen begleiten uns ein ganzes Leben und manche bleiben irgendwann stehen. Irgendwann schließt sich der Kreis für jeden von uns zur gegebenen Zeit. Egal wie es kommt, wichtig scheint mir, dass sich warten oft mehr lohnt als sofort zu agieren. Denn bekanntlich hat der „liebe Gott" die Zeit gemacht, aber kein Wort von Eile gesagt.

Im Jahr 2007 war ich mal wieder auf einer Kur und auf dem Nachhauseweg lenkte ich spontan das Auto auf einen Parkplatz und rief völlig unvorbereitet meine Tante in Niederbayern an, bei deren Nachbar der sexuelle Missbrauch damals geschah. Ich erzählte ihr am Telefon, dass ich gerade auf dem Weg nach Hause sei und nicht weit weg von ihr bin. Sie lud mich sofort zu sich ein. Es war gut so und die Zeit dafür war reif. Kurz erklärte sie mir noch den Weg, denn ich war ja nie mehr seit jenem Tag bei ihr gewesen. Als ich bei ihr ankam, begrüßte ich sie mit dem Satz: „Siehst Du, der Täter kehrt immer zum Tatort zurück." „Geli", sagte meine Tante, „Du warst doch nicht der Täter, sondern das Opfer!" Ich sah sie erstaunt an und sagte: „Das hat aber lange gedauert, dass Du das auch so siehst. Keiner wollte es wahrhaben, wie sehr mich dieses Erlebnis über Jahrzehnte verfolgt hat. Nun ist es der Berg, der zum Propheten kommt und nicht wie üblich der Prophet zum Berg".

Meine Tante erzählte mir, dass die Mutter meines Peinigers an Krebs verstorben sei und gestern beerdigt wurde. Sie warte gerade auf den Pflegedienst, der das Krankenbett abholen sollte. Es dauerte nicht lange und der Dienst fuhr vor. „Geli, ich muss jetzt ins Nachbarhaus und den Herren das Bett und diverse Dinge mitgeben, die wir für die Pflege benötigt haben. Wenn Du möchtest oder wenn es Dir hilft und wenn Du es schaffst, so hast Du jetzt die Gelegenheit noch einmal an den Ort des Geschehens zurück zu kehren, wenn es Dir dann besser gelingt, damit fertig zu werden." Natürlich ging ich mit und war erstaunt, dass sich das Zimmer gut wie nicht verändert hatte während dieser langen Zeit, nur wo einst das Bett stand, war jetzt ein Regal. Ich konfrontierte mich noch einmal mit meinen Erinnerungen und alles lief wie in einem Zeitraffer vor meinem geistigen Auge ab. Dann verließ ich dieses Haus und wusste, dass ich nachher noch einmal zum Friedhof fahren werde, um dieses Kapitel endlich abzuschließen und mein kommendes Leben ohne die Belastung von ständiger Angst zu genießen. Ich blieb noch kurze Zeit bei meiner Tante und fuhr dann zum Friedhof, um auch der Mutter meines Peinigers zu vergeben, dass sie mir nicht geholfen hat, nach dieser für mich so folgenschweren Nacht.

Damit war für mich dieses Lebenskapitel abgeschlossen, was natürlich nicht bedeutet, dass ich es jemals vergessen werde. Nein, doch meine Lebensqualität verbesserte sich um einiges.

Seither lebe ich meine Gefühle aus, verbarrikadiere diese nicht mehr so sehr und es fällt mir nicht mehr schwer, mein Gemüt, wenn es sein muss, zu zeigen. Jetzt muss ich mich auch nicht mehr hinter meiner dynamischen, energischen und resoluten Art verstecken. So hat sich automatisch das Interesse an meinen Mitmenschen auf ein Minimum reduziert, nämlich auf jene, mit denen ich wirklich und wahrhaftig Kontakt halten will. Und ich habe dabei ein verdammt gutes Gefühl!

Auch für Katharina hat sich Vieles zum Positiven verändert. Mittlerweile ist Katharina fast 23 Jahre alt, hat einen Freund und meistert ihr Leben. Das mit den Medikamenten hat sich über die Jahre hinweg eingespielt. Zu den altersbedingten Angleichungen der Hormone muss sie alle drei Monate zu ihrem Endokrinologen und einmal jährlich zur Kur. Sie hat gelernt, mit ihren Einschränkungen zu leben und kann ihren Lebensweg durchaus „fast" alleine gehen.

Und ich werde weiterhin meiner inneren Stimme folgen, denn diese Stimme hat mich immer gut geführt. Dank ihrer Unterstützung konnte man mich auch nie im Innersten verbiegen. Ich bin dankbar, dass ich nicht wie so mancher Mensch mein Leben „friste", sondern den Sinn meines Lebens erkenne und ihn in Frieden gehen kann.

Danke!

Der Weg

Laß dich vom Leben nicht belügen,
nicht betrügen!

Schau nach vorn,
schau nicht zu oft zurück,
finde in der Zukunft dein Glück.

Den Kopf nicht senken,
sich nicht ergeben,
sondern erheben.

So lebe dein Leben.

Angelika Nachtmann

Achterbahn der Gefühle

164 Seiten, 11,5 x 18 cm
Taschenbuch
ISBN 978-3-981-55000-9 – € 9.80

Anne ist verliebt in Lorenz! *Nichts ist mehr wie es war, seit dieser ersten Begegnung.*

Lorenz ist verliebt in Anne … und in das fremde Kind. *Nichts ist mehr wie es war, seit diesem ersten Kennenlernen.*

Im festen Glauben an ein Zusammengehören lassen sich die beiden auf eine leidenschaftliche Beziehung ein. Alles in der Hoffnung auf eine gemeinsame Chance. *Und nichts ist mehr aufzuhalten, seit diesem ersten Versprechen.*

Die Autorin schafft es, mit viel Charme und ihrem eigenen Witz eine Achterbahn der Gefühle ansprechend und niemals langatmig in Worte zu fassen.

Ein besonderer Jugendroman

256 Seiten, 11,5 x 18 cm
Taschenbuch
ISBN 978-3-9815500-4-7 – € 13.80

Tildas Vater trinkt. Und auch sonst benimmt er sich in letzter Zeit merkwürdig. Als die 16-Jährige neben ihm im Auto eine fremde Frau sieht, beginnt sie mit ihrer Freundin Sandra nachzuforschen.

Nun werden die Dinge immer rätselhafter. Auch Sandra scheint Heimlichkeiten zu haben und Tildas Mutter verhält sich äußerst eigenartig. Als Tilda schließlich dem Geheimnis auf die Spur kommt, ist alles viel schlimmer, als sie geahnt hat. Tapfer und mit jugendlichem Witz wächst Tilda über sich hinaus.

Doch was das Orionband bedeutet, versteht sie erst, als sie alles längst hinter sich hat.

Unsere menschliche Tierwelt

212 Seiten, 15 x 24 cm
Hardcover mit Schwarz-Weiß-Abildungen des Autors
ISBN 978-3-9815500-5-4 – € 24.80

Seel´s Tierleben begeistert, denn der Autor Hans-Hilmar Seel bringt darin mit Humor und auch der einen oder anderen liebevoll gesetzten Spitze gegen die „Krone der Schöpfung" Mensch seine Beobachtungen und Erkenntnisse in und mit der Tierwelt zu Papier. Mit einem Augenzwinkern schafft er es, seine Leser nicht nur daran zu erinnern, dass der Mensch nicht der Herrscher der (Tier-)Welt ist, sondern dass die Natur uns in vielen Dingen doch viel ähnlicher ist – und uns in manchem sogar eindeutig übertrumpft.

Ein Lesevergnügen für Jung und Alt und natürlich besonders für Natur- und Tierfreunde. „Seel's Tierleben" schafft es, den Blick auf die großen und kleinen Wunder der Natur zu richten – von A wie Ameise bis Z wie Zebra.

Suche nach Ehrlichkeit

106 Seiten, 21,6 x 15,4 cm (Querformat)
mit farbigen Bildern, Hardvover
ISBN 978-3-9815500-2-3 – € 19.80

Harald Manzeis Gedanken, denen er schöne Naturfotografien zur Seite stellt, nennt er auch „Stresstherapie". Als Suchender in vielen Sparten präsentiert er sich und Teile seines Wirkungsspektrums. Mit seiner sprühenden kreativen Energie und seinen eigenen Texten ist er auf der Suche nach tiefgründiger Ehrlichkeit oder ehrlicher Tiefgründigkeit.